Das „**SSZ • SOLARIS Spirituelles Zentrum**©"
ist ein Treffpunkt (netmeeting place)
für spirituelle Menschen.

Das **SSZ** heißt Sie herzlich willkommen
im spirituellen Zentrum,
das sich mit Yoga, Meditation und Gebet
beschäftigt.

http://www.telecom.at/solaris

SOLARIS SPIRITUELLE EDITION

1. Auflage 2000
ISBN 3-901975-10-1

Verlag: SSE
**SOLARIS** Spirituelle Edition • eine Division der LAST & CO
A-1100 Wien • Ober-Laaer Straße 78
Tel ++43-1-689 75 66 • Fax ++43-1-689 75 66-29
http://www.telecom.at/**solaris**
e-mail: **solaris**@telecom.at • last.co@telecom.at


Text: Yogi Sundara
Abbildungen: SSE • tlw. aus Lexikon der Symbole
Layout, Grafik, Satz: M. Hartner
Druck und Endfertigung: Libri (BOD)
Printed in Germany

# Inhaltsverzeichnis

**SOLARIS** seit 1988:
Gründung, Ziel und Ausrichtung . . . . . . . . . . . . . . . . . . . 5

Mit der Natur verbunden sein . . . . . . . . . . . . . . . . . . . . . . . . 13

Die Einheit der Religionen . . . . . . . . . . . . . . . . . . . . . . . . . 15

Glücklichsein . . . . . . . . . . . . . . . . . . . . . . . . . . . . . . . . . . 19

Des Menschen Wille ist sein Himmelreich . . . . . . . . . . . . . . . . 21

Der Sinn unseres Lebens . . . . . . . . . . . . . . . . . . . . . . . . . . 27

Raja Yoga, der Weg der Meditation . . . . . . . . . . . . . . . . . . . . 43

Gedanken über die Schöpfung . . . . . . . . . . . . . . . . . . . . . . . 51

Symbolik und Bedeutung der Sonne für alle Wesen . . . . . . . . 55

Hab' Sonne im Herzen, ob's stürmt oder schneit . . . . . . . . . . 59

Auferstehung Jesu und Himmelfahrt . . . . . . . . . . . . . . . . . . 67

Sternzeichen der Liebe . . . . . . . . . . . . . . . . . . . . . . . . . . . 75

Die Wandlung (Tod) als Tor zum Jenseits . . . . . . . . . . . . . . . 79

Die Bergpredigt . . . . . . . . . . . . . . . . . . . . . . . . . . . . . . . . 85

Die 10 ewigen Wegweiser zur Glückseligkeit . . . . . . . . . . . . . 95

Träume oder wache ich? . . . . . . . . . . . . . . . . . . . . . . . . . . 101

Die Gefahren lauern am mystischen Weg! . . . . . . . . . . . . . . 105

Glaube, Liebe, Hoffnung ........ 113

Die Frohe Botschaft Jesu Christi ........ 115

Die Stimme Gottes ruft uns jeden Tag aufs Neue ........ 119

„Sorgt Euch nicht um Euer Leben!“ ........ 123

SAT TAT OM – Die heilige Dreiheit ........ 131

Maria, die Mutter Jesu warnt uns ........ 139

Das Verhältnis zwischen Gott und Mensch ........ 143

Adventszeit – Zeit der Besinnung ........ 155

„Siehe ich verkünde Euch große Freude!“ ........ 159

Liebe in Ehe und Partnerschaft ........ 161

Die Aura des Menschen ........ 167

Der ewige Kampf zwischen Gut und Böse ........ 173

Die drei Prüfungen ........ 181

Karma und Wiedergeburt ........ 185

SSE • **SOLARIS** Spirituelle Edition©:
Verlagsverzeichnis ........ 191

SSE Bücherverzeichnis,
Tips und Bestseller der spirituellen Literatur ........ 195

**SOLARIS – HAB' FREUDE AM LEBEN**

# SOLARIS-Zielsetzung

## Ein spirituelles Zentrum für Menschen, die auf der Suche oder auf dem Weg zu Gott sind.

1988 wurde die Buchhandlung **SOLARIS** eröffnet, ein spirituelles Zentrum, das sich zum Ziel gesetzt hat, allen Suchenden und Fragenden Hilfestellung zu geben auf der Suche nach der Wahrheit und auf dem Weg ein wahrer Mensch zu werden. Unsere Absicht war es nicht nur eine gewöhnliche esoterische Buchhandlung zu sein. Nein, es sollte eine bestimmte Ausrichtung und Schwingung erkennbar sein, eine Ausrichtung zu allem Heiligen, von dem „Heil" für uns Menschen kommt und somit unsere Seele und unseren Geist zuerst heilt und dann vielleicht auch heiligt! Aus diesem Grund versuchen wir in unserem Sortiment vor allem Literatur, die zum Göttlichen, Heilenden und Positiven hinführt, anzubieten. Unser Angebot ist vielfältig: Yoga, Meditation, Gebet, Zen, Heilung, positive Lebenseinstellung, christliche Mystik, Astrologie, Heilung durch Edelsteine, Aroma-Öle und Bachblüten.

Träger dieser Botschaft sind in erster Linie die Bücher, die einem Suchenden Anstoß und Wegweiser sein können, aber wohl nie die Liebe und Spiritualität eines Menschen ersetzen kann oder soll. Weiters Mineralien, Räucherwerk, Duftlampen, Kassetten, CDs und Videos, Meditationsteppiche und Zenhocker. Alle Religionen und esoterische Richtungen, die diese Ausrichtung haben, sind hier anzutreffen. Von Zeit zu Zeit veranstalten wir auch Vorträge zu diesen Schwerpunkten. Hier laden wir alle ein, die sich dafür interessieren. Diese Vorträge sind – im Gegensatz zu den vielen Seminaren, die von den diversen Seminarleitern zu einem horrenden Preis angeboten werden – kostenlos. Unser Leitspruch ist:

***Liebe kann man sich weder in der Apotheke noch sonstwo kaufen. Man kann sie nur verschenken oder geschenkt bekommen.***

Der Name „**SOLARIS**" leitet sich von Sol (lat.) = die Sonne ab. In der Symbolsprache des Unterbewußtseins steht die Sonne für Bewußtheit, Helle, Klarheit, Wärme und auch für Bewußtseinsveränderung. Und eine Veränderung in unserer Zeit tut uns allen Not! Eine Veränderung zum Positiven, zum Göttlichen (= Liebe) ist lebensnotwendig, wenn wir überleben wollen. Unsere **SOLARIS** soll eine Oase in der Wüste, ein Licht in der Dunkelheit werden für alle, die selbst dieses Licht nicht verspüren können, oder nicht erfahren haben.

Mein größter Wunsch ist es, allen Menschen, die zu uns kommen, eine klare Linie präsentieren zu können ohne Irrwege oder Umwege. Doch immer wieder passiert es, daß sich Wahres und Falsches vermischt, so daß diese Linie oft nicht klar erkennbar ist. Es gibt leider schon viel zu viele Bücher als daß ich genau sagen könnte diese Bücher sind „Gut" bzw. „Schlecht". Jeder möge und muß sich selbst sein Urteil bilden; aber für Fragen oder ein Gespräch stehe ich immer gerne zur Verfügung.

Diese Zeilen sind Ausdruck meiner persönlichen Meinung und sind keine Eingebung von „Oben" (bzw. „Unten"). Diese Gedanken sind das Ergebnis meiner persönlichen Erfahrungswelt, die Ausdruck einer tiefen Überzeugung sind. Vor allem möchte ich mich von den vielen Schriftstellern distanzieren die behaupten, ihre Einsichten von „höheren Wesenheiten" empfangen zu haben und daher nur Sprachrohr einer anderen Persönlichkeit sind, als sie selber. Leider entstehen in der letzten Zeit immer mehr Bücher, die mittels „Medien“ von jenseitigen Autoren (Geistern) geschrieben werden (Channelling). Schon im vorigen Jahrhundert behaupteten Medien, daß durch sie „erleuchtete Meister“ sprächen. Diese Menschen waren und sind nur Werkzeuge einer körperlosen Wesenheit, die ihre Botschaften ihrem Medium regelrecht „diktierten“. Um nur einige Gruppierungen zu nennen, die auf diese Art entstanden sind:

Die Theosophische Gesellschaft, die sehr viele Bücher veröffentlichte oder in der neueren Zeit die Bewegung der „Lichtarbeiter“, die sogar dieselben Meister wie die Theosophische Gesellschaft nennt. Zu den bevorzugten Themen dieser Gruppen gehört der Spiritismus, der Okkultismus, die weiße, wie auch die schwarze Magie, die Reinkarnation, die Hierarchie der Meister, etc. Also Themen, die mit dem wirklichen Heilwerden – Heilsein nichts mehr gemeinsam haben.

Vieles könnte ich noch sagen, was ich in Erfahrung gebracht habe, doch glaube ich genügt es zu sagen: „Prüfet die Geister ....“.

Ich ziehe es vor lebende Meister oder solche, die auf Erden gelebt haben, zu zitieren bzw. zu verehren. Vorbilder auf dem spirituellen Pfad können nur die sein, die alle Freuden und Leiden eines Erdenmenschen erlebt haben. Diese „Gottmenschen“, die mit ihren heiligen Füßen den Staub der Erde berührt haben, sprachen alle dieselbe Sprache: Die Sprache der Liebe – der göttlichen Liebe und des Verstehens bzw. Heilens.

Sie waren keine Wissenschaftler, keine Menschen, die Wissen, das Intellektuelle, lehrten, sondern ganzheitliche Menschen, die Gefühl und Verstand in einer „Unio Mystika“ vereinigten. Wahre

Meister, echte Heilige schrieben keine Bücher, nur ihre Anhänger, Schüler und Jünger beschrieben ihr Leben und ihre Lehren. Oft auch in sehr glorifizierter Form auf Kosten der Einfachheit des Menschen, der in Gottesliebe nur Heil der Welt bringen und Gottesliebe leben wollte.

Der echte Meister und Heilige lebt sein Leben still und ist nur Vorbild und Wegweiser für seine Anhänger und Bewunderer. Ich möchte an dieser Stelle nur einige Namen nennen: „Jesus Christus, Maria – die Mutter Jesu, Buddha, Krishna, Yogananda, Franz von Assisi, Klara, Theresa von Avila, Ramakrishna, Johannes vom Kreuz, Vivekananda, Don Bosco, Sri Ramana Maharshi, Pater Pio, Ananda Moyi Ma, Elisabeth von Thüringen, und ...“

Jedem Leser dieser Zeilen seien die Bücher über diese Heiligen ans Herz gelegt. Studium und Vertiefung in die Gedankenwelt dieser Menschen können einen Neubeginn, eine Bewußtseinsveränderung bewirken, die ein Anfang zu einer besseren Welt sein kann.

***Denn: „Beginne bei Dir selbst,***
***dann änderst Du die Welt – nicht umgekehrt!“***

Wer daran glaubt, daß man im spirituellen Bereich viel verdienen kann, der irrt sich gewaltig. Nur der normale Esoterik-Bereich wächst stetig. Esoterik-Messen und Esoterik-Buchhandlungen gibt es ja sehr viele, vor allem in Wien. Doch was wird in diesem Bereich angeboten? Nur Aberglauben und Irrlehren, Kartenleger, Wahrsager, Medien und esoterisches Accessoires, von Pendeln angefangen bis zu Halbedelsteinketten wird fast alles an die Frau (den Mann) gebracht und eine spirituelle Ausrichtung ist kaum anzutreffen. Hatte ich früher noch die Hoffnung, mit dem Verkauf von spiritueller Literatur Menschen ändern zu können, so muß ich heute feststellen, daß dies nicht möglich ist. Bücher allein können zwar Anstoß sein, das Leben zu überdenken bzw. vielleicht sogar zu ändern, doch um einen Menschen von Grund auf zu erneuern ist mehr notwendig.

Nur die Liebe Gottes vollbringt das Wunder aus Menschen Engeln werden zu lassen. Diese göttliche Liebe fließt aus dem Urquell hervor und jeder, der sie empfängt, wird zu einem neuen Menschen geboren. Der alte Mensch stirbt und ein neuer Mensch empfängt die Gnade und Liebe Gottes.

Anfang 1996 wurde eine neue Idee geboren und auch sofort umgesetzt. **SOLARIS** sollte nun nicht mehr nur eine Buchhandlung in Wien sein, sondern ein virtuelles Zentrum für spirituelle Menschen.

Das Internet als Kommunikationsmedium und Informationsquelle war nun nicht mehr Universitäten und dem Militär vorbehalten, sondern wurde für alle zugänglich, die mit Hilfe eines Computers und eines Modems rund um die Welt „surfen" konnten. Unter der Internet-Adresse „**http://www.telecom.at/solaris**" wurden nun alle Artikel, die jemals in den **SOLARIS**-Nachrichten erschienen, veröffentlicht. Die Leser der **SOLARIS**-Nachrichten, die nicht alle Ausgaben bekommen haben, können nun im Internet die Artikel lesen, auf den eigenen PC herunterladen oder ausdrucken. Anders als ein Buch oder ein TV-Apparat, die Informationen nur einseitig übermitteln können – der Leser oder Zuschauer hat ja nicht die Möglichkeit mit dem Autor oder dem Regisseur in Kontakt zu treten, oder ihm Fragen zu stellen (passive Aufnahme der Inhalte – ist es nun möglich sogenannte e-mails: „**solaris@telecom.at**" an das „**SSZ • SOLARIS Spirituelles Zentrum**©" zu schicken, die auch in den meisten Fällen beantwortet werden (aktive Teilnahme an den Inhalten). Information, Hilfestellung und mehr – für alle spirituell Interessierten – war das Ziel. Gemeinsam mit einem langjährigen Freund, der bei der Seitengestaltung tatkräftig mitwirkte, wurde im Laufe der Zeit die Homepage des „**SSZ • SOLARIS Spirituelles Zentrum**©" immer umfangreicher und vielfältiger.

Der Bereich Yoga (als spiritueller Übungsweg verstanden) wird von **A. Ballabene** (**Guru Vayu**) betreut und hat sich im letzen Jahr nicht nur inhaltlich sondern auch optisch stark verändert. Sogar Yogalektionen sind nun vorhanden und bieten einen ersten Einstieg in eine spirituelle Welt. Eines hat sich im Laufe der Jahre jedoch nie verändert:

***Die spirituelle Ausrichtung zum Göttlichen, die das Ziel und der Weg unseres Lebens immer sein werden.***

Mitte 1998 stand fest, daß nur mehr eines noch fehlte: Ein Verlag, der alle spirituellen Artikel und Schriften auch veröffentlichen würde. Eine Division der LAST & CO entstand unter dem Namen

„**SSE • SOLARIS Spirituelle Edition**©". Unter diesen Namen werden zukünftig alle Bücher und Schriften, die zu Gott führen, verlegt und angeboten.

Das Verlagsprogramm ist vielfältig und reicht vom Kinderbuch bis zum spirituellen Phantasy-Roman, vom gebundenen Buch mit Farbbildern bis zur CD-ROM mit Internet-Texten.

**Anfragen und Bestellungen via Email an: solaris@telecom.at**
SSE • SOLARIS Spirituelle Edition, Austria, Europa oder an die Fax-Nr.: +43-1-6897566-6 bzw. schriftlich an: SSE • SOLARIS Spirituelle Edition, Ober-Laaer Str. 78, A-1100 Wien, Austria.

Zum Schluß möchte ich nur mehr eines allen Lesern dieser Ausgabe wünschen: „Gottes Frieden und Segen auf allen Wegen".

*Amen – OM Shanti OM*



# Meditationskreis

**Ort, Kosten:**
Die Yogaunterweisung ist gratis und erfolgt in einem Ashram in Wien (Vienna, Austria), email: solaris@telecom.at

**Sinn der Yogaunterweisung:**
In unserem Beisammensein födern wir unseren inneren Fortschritt durch Meditation (Yoga), Erfahrungsaustausch und Anregungen. Im Mittelpunkt steht eine, in das Leben integrierte, seelische Entwicklung.

**Zeit:**
Meditationskreis, Dienstag und Donnerstag, 19 - 20 Uhr. Gratis, Aufnahmen sind jederzeit möglich, solange genügend Platz vorhanden ist.

**Meditationsleitung**:
Für einen geregelten Ablauf sorgt Yogi Sundara (das ist sein Yoganame). In seine Gruppe kann er über 20 Jahre Meditationserfahrung einbringen. Der Leiter von Ashram Ananda ist Guru Vayu (A.Ballabene).

Ziel der Unterweisung ist es, den Yoga in der heutigen Zeit an interessierte Menschen weiterzugeben.

# Natürlich leben • Naturverbundenheit

Naturverbundene Völker wie die Indianer Nordamerikas, die in den Reservaten leben, werden oftmals als rückständig, ja sogar als primitiv angesehen, weil sie nicht bereit sind sich auf die „moderne Zivilisation“ einzulassen. Doch was steht denn hinter dieser Einstellung, dieser Gesinnung? Die Überzeugung, daß dieses Leben besser ist als das des „weißen Mannes“! Oft sind für einen westlichen, fortschrittlich denkenden Menschen die Indianer ein Relikt aus der Vergangenheit, kaum wert, daß man sie beachtet. Für uns moderne Menschen ist der Fortschritt unser Gott – besser gesagt unser Götze. Das Leben genießen und möglichst viel konsumieren ist der Leitsatz der modernen Zivilisation. Der Zeit(un)Geist erhebt den Körper – die äußere Hülle – zum Idol, Geist und Seele sind passé. Auf diese Weise wird der Mensch entwurzelt, vom Lebensquell abgeschnitten. In der Anonymität der Großstädte, im Bewußtsein allein und verlassen zu sein, liegt eine große Gefahr für den heutigen Menschen. Es gibt nichts schlimmeres, als ohne ein liebendes Vorbild aufwachsen zu müssen. Menschen, die ohne Liebe aufwachsen müssen, haben meistens keinen Sinn für das Wunderbare einer duftenden Blume oder für Vögel, die durch die Lüfte gleiten. Menschen, die in Städten leben, sind meist von der Natur und somit auch vom göttlichen Plan weit entfernt und isoliert, eigentlich ist es der weiße Mann, der in Reservaten lebt. Nur mag er es nicht wahrhaben. Natürlich kann auch ein „Städter“ liebevoll und naturverbunden sein, doch die Gefahren, die im Großstadtdschungel auf ihn lauern, sind sehr groß. Wer kann den Duft einer Blume noch bewußt riechen, wenn man seine Nase vor den Abgasen der Autos schützen muß? Wer hat noch Freude an einem blühenden Strauch, wenn man im

Fernsehen mit farbigen Bildern überschwemmt wird? Ist es da noch ein Wunder, wenn Religion, Tradition und Eins-Sein mit Mutter Erde verschwinden?

Noch haben viele Naturvölker ihre Religion und Naturverbundenheit bewahrt. Von ihnen könnten wir viel lernen! Die Sonne ist für sie Vater und die Erde ist für sie Mutter. Manitou, der große Geist, ist in diesen Menschen lebendig und der Geist Gottes weht über ihnen. Ich schäme mich für die Verbrechen, die der weiße Mann den Indianern angetan hat. Ich habe zwar keine rote Haut aber in meiner Seele, in meinem Denken und Fühlen bin ich auch ein Indianer. Wir haben nicht mehr viele Brüder. Es gibt wenige, die wie wir denken und fühlen. Es gäbe so viel zu sagen, aber wer hat schon heutzutage Zeit – nimmt sich schon die Zeit – diese Zeilen in Ruhe (vielleicht) auch mit Aufmerksamkeit zu lesen? Dies sollte ein Appell sein an alle „Weißen", die noch den Ruf der Natur hören können und wollen, deren Geist noch offen ist und deren Seele bereit ist zu lernen. Die Indianer sind ein Gleichnis, eine Parabel für gottverbundene und somit auch naturverbundene Menschen. Machen es wir ihnen nach, lernen wir von ihnen. Entschuldigen wir uns bei Bruder Baum, wenn wir ihn fällen, bei Schwester Reh, wenn wir es töten, denn wir brauchen sie zum leben. Alles was mehr genommen wird als der Mensch benötigt ist Raub und Mord an Mutter Erde. Raubbau an der Natur wird von uns allen dann gemacht wenn wir verschwenderisch sind. Allein sind wir schwach, doch wenn wir viele wären, könnten wir die Welt verändern. Wir sollten doch nie vergessen, daß wir ohne Mutter Erde nicht existieren könnten.

Wenn wir alle wieder im Innersten „Indianer" werden, würde das Leben auf diesem Planeten, auf unserem Boden, für alle wieder lebenswerter sein.

# Die Einheit der Religionen

Viele von uns sind von den kirchlichen Institutionen in denen sie aufgewachsen sind enttäuscht. Manche treten aus, manche konvertieren, vielen ist es egal. Trotzdem sind alle Menschen auf der Suche nach dem Sinn des Lebens, sehnen sich im Innersten ihres Herzens nach etwas, das sie nicht beschreiben können. Sie sind ihr ganzes Leben lang auf der Suche nach dem Ursprung ihres Seins und der göttlichen Liebe, die sie nicht erkennen und finden können.

Viele geben sich dann mit weltlichen Dingen zufrieden, die sie jedoch nicht wirklich erfüllen können. Der Mensch will auf etwas vertrauen, auf etwas bauen, das ihn nicht enttäuscht und ihn aufrecht hält. Vertrauen ist dasselbe wie Glaube; ich glaube Dir – ich vertraue Dir. Jeder Mensch will darauf vertrauen, daß er nicht enttäuscht wird, aber man kann nur jemandem vertrauen, wenn man bedingungslos lieben kann, wenn man sich hingeben kann, seinen Egoismus „aufgeben" kann. Der gemeinsame Glaube der Menschheit auf die Liebe ist so alt wie die Menschheit selbst. Schon in der Altsteinzeit haben sich Formen der Religion entwickelt, die darauf vertrauen, daß es eine höhere Macht (= Liebe) gibt, der man vertrauen kann. Religio (lat.) bedeutet sich zurückverbinden, sich dem Ursprung wieder zuwenden, aus dem man gekommen ist. Aus dem Nichts erschaffen, zur Schöpfung geformt, ist der sehnlichste Wunsch nach Vereinigung, nach Überwindung der Trennung, in den Menschen lebendig und Triebkraft ihres Lebens. Im physischen Bereich als Fortpflanzungstrieb („Vereinigung"), in höheren Bereichen als Gebet und Meditation ausgeformt, ist die Sehnsucht nach Liebe und Geborgenheit die Triebfeder allen Handelns und Tuns („Karma").

Der Glaube alter Hochkulturen (Mesopotamien, Ägypten, Indogermanen, Arier und Inder) legt davon Zeugnis ab. In den Veden wurden religiöse Texte in Sanskrit niedergeschrieben als Gleichnis für diese stärkste aller Kräfte im gesamten Universum. Zaratustra, Griechen und Römer mit ihrem Götterpantheon, Kelten und Germanen beschrieben Geschichten ihrer Götter. Die Azteken, Mayas und Inkas hatten eine „Religion", aber auch die Chinesen, Japaner und Koreaner. Inder und Tibeter hatten die Religion des Hinduismus bzw. Buddhismus im Osten; Moslems, Juden und Christen formten Religionen im Westen. Obwohl es im exoterischen Bereich der „äußeren Lehre" Unterschiede zwischen den verschiedenen Religionen gibt, so ist jeder Unterschied im esoterischen Bereich der „inneren Lehre" aufgehoben. Wenn es so scheint, als gäbe es viele verschiedene Religionen, viele verschiedene Rituale und Glaubensrichtungen, so ist es in Wahrheit nur eine einzige Religion: „Die Religion der Liebe."

Als Jesus Christus von sich behauptete: „Niemand kommt zum Vater, außer durch mich!", so meinte er nicht, daß allein durch seine Person „Heil" für die Menschen kommt und nur das Christentum (röm. kath., griech-orthodox, evang. Kirche) die alleinseligmachende Wahrheit verkündet, sondern daß nur die Liebe (und er ist die personifizierte Liebe!) frei macht und Erlösung schenkt. In einem Zustand der „Unio Mystica" (Samadhi) verkündete Christus diese Wahrheit, meinte aber damit nicht seine Person, sondern die Liebe an sich, deren Inkarnation er war !!

Die esoterische Lehre (geheime Lehre), die der Masse verborgen und nur wenigen bekannt war, weil sie es nicht verstand, wurde von einigen wenigen spirituellen Lehrern an ihre Schüler (Jünger) weitervermittelt. Wahre Lehre ist immer individuell und kann nicht von der Kanzel gepredigt werden. Die Lehrmeister des spirituellen

Pfades in den Religionen wußten jedoch um die verborgene Wahrheit und gaben ihre Weisheit und Liebe gerne einem eingeweihten Kreis von Schülern weiter. Im östl. Kulturkreis werden diese Heilige als Guru, Roshi, Scheik bzw. im westlichen Kulturkreis als Zaddiks, Starez oder Mönchsväter (Beichtväter) bezeichnet. Leider gibt es in der heutigen Zeit viele sogenannte „New-Age"-Bewegungen, die mit der Sehnsucht der Menschen ihre Geschäfte machen.

Ein Seminar zur Lebensbewältigung (Atmung, Tantra-Yoga, etc.) kostet viel, viel Geld. Doch sollte man sich eines vor Augen halten: Ein echter Meister gibt freiwillig, ohne Geld, seine Liebe an andere weiter. An diejenigen, die aufrichtig und mit reinem Herzen auf der Suche nach Gott sind. Alles andere ist Tand und Spielwerk, wertlos, obwohl es viel kosten mag („wert ist"). Liebe kann man nicht kaufen. Liebe gibt sich selbst, bedingungslos und ohne Gegenleistung!

Die Aspekte einer wahren Liebe werden im Hohen Lied der Liebe (1 Korinther 12, 31b-13, 13 ) sehr schön beschrieben:

***„Ich zeige euch jetzt noch einen (anderen) Weg, einen, der alles übersteigt: „Wenn ich in den Sprachen der Menschen und Engel redete,/ hätte aber die Liebe nicht,/ wäre ich dröhnendes Erz oder eine lärmende Pauke.....***
***Die Liebe ist langmütig,/ die Liebe ist gütig./ Sie ereifert sich nicht,/ sie prahlt nicht,/ sie bläht sich nicht auf....***
***Sie erträgt alles,/ glaubt alles, hofft alles,/ hält allem stand.***
***Die Liebe hört niemals auf....***
***Für jetzt bleiben Glaube, Hoffnung, Liebe, diese drei;/ doch am größten unter ihnen ist die Liebe."***

*Apostel Paulus*

# GLÜCKLICHSEIN

Paramahansa Yogananda hielt am 26. Oktober 1939 im SRF-Zentrum in Los Angeles einen Vortrag über den „Wunsch, der alle anderen Wünsche stillt": „Gottes Herrlichkeit ist groß. Gott ist wirklich, und wir können IHN/SIE noch in diesem Leben finden. Aus dem menschlichen Herzen steigen viele Gebete (persönliche Wünsche) empor: Für Geld, Ruhm, Gesundheit, etc. Doch das dringendste Gebet jedes Herzens sollte Gottes Gegenwart gelten, denn in Gott liegt die Erfüllung aller Herzenswünsche."

Viele Menschen haben nicht erkannt, daß das Ziel all ihres Sehnens und Strebens in der Glückseligkeit (Ananda) liegt. Wer dieses Ziel erreicht hat, kann sein Schicksal meistern. Er nimmt all das, was das Schicksal (Karma) für ihn bereit hält, gelassen hin und ist glücklich auch wenn er arm ist (selig sind die Armen, denn ihrer ist das Himmelreich). Ihn können Schicksalsschläge nicht so schwer treffen, da so ein Mensch auch das Positive darin sehen kann. Er ist Meister seines Schicksals. Nicht materielle Wünsche, sondern der Wunsch Gott zu erkennen und zu finden bringt wahres Glück.

„Eines Tages besuchte ein angesehener Geschäftsmann die Einsiedelei. Unmittelbar nachdem er dem Meister vorgestellt worden war, sagte er: „Ich bin unverschämt gesund und unverschämt reich." „Aber nicht unverschämt glücklich, nicht wahr?" fragte Paramahansaji. Der Mann mußte dies zugeben und wurde ein Schüler." (aus Yogananda: „Worte des Meisters" S. 73)

Oft sind es die kleinen Dinge des Lebens die uns glücklich machen. Bescheidenheit und Einfachheit zeichnen einen

Menschen aus der glücklich ist. Er denkt nicht an sich selbst, sondern an den Anderen zuerst. Dies ist nur möglich, wenn die göttliche Liebe im Herzen des Menschen Wohnung genommen hat.

„Solange sich der Mensch nicht nach Gott sehnt und ihn gefunden hat, wird er fortfahren, nach allem möglichen anderen zu verlangen, von dem er sich Glück verspricht. Doch wer Gott besitzt, dem werden ganz von selbst auch alle anderen Wünsche erfüllt." Eine Legende möge dies verdeutlichen:

„Narada war ein guter Yogi und wanderte überall hin. Eines Tages kam er durch einen Wald und sah dort einen Mann, der lange in der gleichen Stellung meditiert hatte. Der fragte Narada: „Wohin gehst du?" Narada erwiderte: „Ich gehe in den Himmel." „Dann frage Gott, wann Er sich meiner erbarmen wird, wann ich befreit sein werde." Etwas weiter sah Narada einen anderen Mann. Der sprang singend und tanzend umher und rief „O, Narada, wohin gehst du?" Auf dieselbe Antwort sagte der Mann: „Dann frage doch, wann ich befreit sein werde." Im Verlauf der Zeit kam er wieder zum ersten Mann. Der fragte Narada: „O, Narada, hast du den Herrn nach mir gefragt?" „O, ja." „Was sagte Er?" „Der Herr sagte mir, du würdest nach vier weiteren Geburten frei sein." Da fing der Mann zu weinen an, da er noch viermal wiederkommen mußte. Narada ging zu dem anderen Mann und antwortete ihm auf seine Frage: „Siehst du diesen Tamarindenbaum? Ich soll dir sagen, daß dir noch so viele Geburten bevorstehen, wie Blätter an diesem Baum sind." Da fing der Mann vor Freude zu tanzen an und sagte: „So bald schon werde ich frei sein!" Da ließ sich eine Stimme vernehmen: „Mein Kind, noch in diesem Augenblick wirst du frei sein". Das war die Belohnung für seine dankbare und glückliche Annahme seines ihm bestimmten Schicksals. (Gekürzt: aus Vivekananda: „Raja-Yoga")

# Des Menschen Wille ist sein Himmelreich

Schon öfter wurde in den **SOLARIS**-Nachrichten die geistig spirituelle Entwicklung des Menschen beschrieben und dargelegt. In diesem Beitrag geht es um eine Gesamtdarstellung der Evolution der menschlichen Seele. Die Dreiheit Körper, Seele, Geist, die im Westen immer wieder als Basis für Religion und Psychologie herangezogen wird, ist jedoch nur eine vereinfachte Strukturierung der tatsächlichen Gegebenheiten. Wir beschäftigen uns meist nur mit der Seele, die oft als „Anhängsel" des Menschen betrachtet wird (Der Mensch hat eine Seele). Dies stimmt ganz und gar nicht: Der Mensch ist die Seele und hat einen Körper, der sterblich ist. Die Seele ist unsterblich, eins mit dem göttlichen Geist, vergleichbar der Welle, die im Meer entsteht und wieder im Meer versinkt. Doch in dem Augenblick, in der sie sich in der Welt inkarniert, muß sie ein Kleid anziehen: Den Körper. Viele esoterische Lehren unterscheiden zwischen mehreren Körpern: Manche sagen: Der Mensch habe 3, manche 5, manche 7 Körper. Nach dem Yogi und Satguru Paramahansa Yogananda gibt es drei feinstoffliche Körper:

1. Astralkörper
2. Mentalkörper
3. Kausalkörper

Jeder Seelenfunke, der in der Materie eingeschlossen ist, sucht seine ursprüngliche Heimat wiederzufinden. Doch dazu muß der Mensch einen dornenvollen Weg gehen. Als Mensch geboren, steht er immer wieder vor der Entscheidung einen bestimmten Weg zu gehen. Jedes Wesen, das als Mensch geboren wird, hat ein adeliges Recht von seinen göttlichen Eltern mitbekommen: Es hat die Freiheit mit Hilfe seines Willens sich für das Göttliche oder gegen ES zu entscheiden. Das Gewissen hilft ihm dabei, zwischen zwei Alternativen zu wählen. Nach Oben oder nach Unten, zwischen Gut und Böse, und wie seine Entscheidung ausfällt, so entwickelt sich der Mensch zum unsterblichen Leben oder zum spirituellen Tod Engel oder Teufel, Gott oder Maya. Die Entwicklung zu Gott hin wurde schon oft und genau in früheren Artikeln beschrieben und ausgeführt. Doch das Gegenteil wurde immer nur am Rande gestreift, teils auch ganz bewußt, um sich nicht zuviel mit den dunklen Seiten der Schöpfung zu befassen. Zuviel Beschäftigung mit den negativen Mächten können diese heraufbeschwören und lebendig werden lassen. Doch die Gefahren existieren auch wenn wir sie verschweigen, darum wollen wir an dieser Stelle auf sie aufmerksam machen. Eine Abwendung von Gott, von der allgegenwärtigen, allmächtigen Liebe, die das Universum trägt, erhält und schützt, hat für das Leben eines Wesens viele negative Folgen. Es schneidet sich selbst ab von der Liebe und Energie, die unerschöpflich, unendlich und ewig ist. Es begrenzt sein Leben auf wenig bis nichts. Es schließt sich ab von seiner Umwelt und denkt nur noch an sich. Am Anfang scheint dies kein Nachteil zu sein, doch wie ein schleichendes Gift den Körper zersetzt, so führt der Mangel an Liebe zu Einsamkeit und Krankheit. Wird der Egoismus stärker, so bekommen auch die negativen Charaktereigenschaften mehr Gewicht, werden stärker und beherrschen den Menschen. Dieser denkt dann nur mehr an sich und seine Probleme. Die anderen sind an seiner Misere schuld, ihn selbst trifft keinerlei Schuld. Die anderen sind die Egoisten, sind gemein, nachtragend und gehässig. Dabei erkennt man aber nicht, daß man seine eigenen Fehler anderen in die Schuhe schiebt. Irgend jemand wird dann zum „Sündenbock" erklärt und ist dann schuld an allem. So hat man selbst immer eine weiße Weste. Daß man sich aber auf diese Art selbst belügt und betrügt merkt man dabei gar nicht. Man will gewinnen und besser sein als andere. Der Wunsch, andere zu beherrschen und anderen seinen Willen aufzuzwingen, wird immer mächtiger. Daher wird man in seinen Handlungen immer rücksichtsloser und setzt „Ellbogen“ ein, um an sein Ziel zu kommen. So wird auch gelogen und betrogen, setzt alle unlauteren Mittel ein, um sich seine Wünsche zu erfüllen und seinen Willen durchzusetzen. Am Anfang aber steht immer der Hochmut, der den Menschen dann letztlich zu Fall bringt: „Hochmut kommt vor dem Fall“.

Jeder Mensch hat auch ein bestimmtes Potential an Energie bei seiner Geburt mitbekommen und das bestimmt sein weiteres Leben. Energie (CHI, Prana) ist an und für sich weder gut noch böse, doch der Mensch kann sie zum Guten oder zum Bösen benutzen. Gute Menschen verwenden ihre Energie um zu helfen, um mit anderen zu teilen, um sie zu heilen. Böse Menschen verwenden diese Energie um zu schaden, um anderen etwas wegzunehmen, um sie zu unterdrücken. Hat ein böser Mensch viel Energie, setzt er diese ein, um sich seine eigenen Wünsche zu erfüllen, meist mehr Macht, mehr Einfluß, etc., und bekommt auch durch dunkle Mächte das, was er anstrebt. Die Verführung hat begonnen. Früher sagte man, wenn ein Mensch viel Erfolg hatte, reich war und alles besaß, was sein Herz begehrte, daß er „einen Pakt mit dem Teufel abgeschlossen“ hätte. Heute würde man auch scherzhaft meinen er hätte „Glück im Spiel“. Ich bezweifle aber, ob dies wirkliches Glück darstellt. Denn dieselben Mächte, die einen Menschen an die Spitze der weltlichen Erfolge bringt, bringen ihn wieder zu Fall, wenn dieser nicht mehr benötigt wird. Niemand möge aber daraus schließen, daß alle reiche Menschen böse Menschen wären. Alle Pauschalurteile und Verallgemeinerungen sind hier fehl am Platz. Hat ein Mensch wenig Energie so ist eher die Gefahr, daß er sich in seine eigene ich-bezogene Traumwelt verstrickt und immer weniger Interesse zeigt, Aktivitäten zu setzen und sein Leben in die Hand zu nehmen. Diese Menschen zeigen dann Symptome, die einem ganz bestimmten Krankheitsbild entsprechen: „Paranoia", man wird introvertiert, zeigt wenig Interesse an der Umwelt, will keine Menschen mehr sehen, will allein sein und wird depressiv. Ein berühmtes Beispiel dafür ist König Ludwig II von Bayern, der mit seinen Märchenschlössern (Neuschwanstein) Berühmtheit erlangt hat. Doch diese Menschen sind in den Augen der dunklen Mächte nur Opfer und Gejagte. Armselige Geschöpfe, die gequält und ausgenützt werden, bis sie verzweifeln oder Selbstmord begehen. Die bösen Wesen, die viel Energie haben sind die Jäger, die keine moralischen Gesetze mehr anerkennen. Viele Sekten machen sich die Hilflosigkeit der „Opfer" zunutze und bilden dann eigene Glaubensgrundsätze und Gebote. Es gibt harmlose Gruppen, die wohl selbst noch fest davon überzeugt sind das Heil für die Menschheit zu besitzen, andere aber deklarieren sich offen als böse (Satanskirche).

In der **Esoterik gibt es drei Bereiche, die als Säulen des Bösen bezeichnet werden: der Okkultismus, der Spiritismus und die Magie**. Die Beschäftigung mit einem dieser drei Bereiche oder allen führt unweigerlich hinab, weg von Gott, weg vom lebenserhaltenden und beschützenden Prinzip. Ein Mensch, der sich mit magischen Praktiken auseinandersetzt, will mehr Macht. Macht über andere Menschen, über Dinge, Kräfte, die ihn über andere hinaus heben, ihn zu etwas besonderes machen. Wenn er diese Kräfte erlangt und nur zu seinem persönlichem Vorteil verwendet, ohne anderen damit zu helfen, dann spricht man von schwarzer Magie. In Sagen und Märchen trifft man immer wieder auf Hexen, Zauberer. Doch gibt es sie heute genauso, früher verborgen, heute keck und offen, treten sie an die Öffentlichkeit, schreiben Bücher und suchen auch Jünger zu gewinnen. Wenn so ein „Zauberlehrling" sich dann mit diversen magischen Praktiken beschäftigt, kommen auch die ersten Erfolge durch Unterstützung aus den dunklen Bereichen. Davon angespornt ist er nun eine leichte Beute für höhere dunkle Mächte. Durch die Abwendung von der göttlichen Quelle versiegt allmählich der göttliche Energiestrom, der Lebenskraft und -freude gespendet hatte. Deshalb muß nun ein Ersatz her: Die Lebensenergie von anderen Menschen. Die weitere Entwicklungsstufe ist der Vampir, der aus willensschwachen Menschen die Lebensenergie absaugt. Die astrale Gestalt solcher Wesenheiten verändert sich immer mehr. Zuerst sind vielleicht noch schöne Farben und Formen vorhanden, doch diese werden nach und nach verzerrt, fahl, gleißend und täuschend. Häßlichkeit dominiert. Der Egoismus wird immer stärker und nimmt auf andere Wesen keine Rücksicht mehr. Angst breitet sich aus und erlaubt mächtigeren Wesenheiten die Kontrolle über diese Wesen, die schon fast Dämonen und Teufel geworden sind. Haß dominiert, übermächtiger Haß auf Alles und auch auf sich selbst. Der leuchtende Erbteil in diesen Wesen wurde bewußt und systematisch gemordet. Viele kleine Entscheidungen brachten dieses Wesen immer mehr in diese Lage. Sie ist selbstverschuldet und niemand außer ihm selbst ist dafür verantwortlich. So einem Wesen ist kaum mehr zu helfen. Der göttliche Funke ist erloschen und die Seele hat sich zurückgezogen. Es sind nur mehr unbeseelte Körper, die noch eine gewisse bösartige Eigendynamik besitzen und Unheil schaffen. Der geistige Tod ist schon längst erfolgt und kann nicht mehr rückgängig gemacht werden. Der Herr des Hasses hat in diesem Fall gesiegt und hat die Materie daran gehindert sich zu vergeistigen. Kälte und Angst, Haß und Verzweiflung regieren in diesen tiefen, dunklen Ebenen. Und nur selten gelingt es Helfern in diesen Regionen etwas auszurichten. „Jeder Mensch ist seines Glückes Schmied!" Jeder Mensch ist für sein Schicksal selbst verantwortlich. Ich selbst entscheide in welche Richtung ich gehe und welchen Versuchungen ich erliege, weil ich nicht genügend Widerstandskraft aufgebracht habe, um mich dagegen zu wehren. Nur Menschen, die ihr Schicksal in die Hand nehmen, sich ihrer Verantwortung stellen, werden ihr göttliches Erbe antreten können: Unsterblichkeit, Ewigkeit, Glückseligkeit. Sie sind ureigenste Eigenschaften der Seele die sich danach sehnt sich mit dem Geist wieder zu vereinigen. Nur dann wird sie ihre Erfüllung finden und ihre Bestimmung erreichen. Wahrheit, Wärme, Liebe, Erleuchtung, Furchtlosigkeit, Schönheit, sich öffnen dem Unendlichen, Zuwendung und Hinwendung zu Gott sind die Ziele, die jeder von uns erreichen kann, wenn er/sie es nur will. Wir haben die Freiheit dazu bekommen. Wir haben eine große Verantwortung zu tragen!

# Der Sinn unseres Lebens

Auf der Suche nach dem Sinn unseres Lebens gehen die Yogis aller Zeiten von der Wahrheit aus, daß das allgegenwärtige Sein (SAT), von dem wir alle ein Teil sind, unendliche Liebe und Glückseligkeit (ANANDA) ist und wir dazu berufen sind, diese umfassende Liebe und Barmherzigkeit in unserem Leben zu verwirklichen. Diese spirituelle Liebe (PREMA) ist die Mitte unseres yogischen Lebens. Zeichen und Wegweiser zu dieser Liebe sind die Avatars (Verkörperungen der Liebe) und Satgurus (Selbstverwirklichte Meister), die sich immer wieder in dieser Welt inkarnieren um den notleidenden Menschen zu helfen, diese umfassende Wahrheit (DHARMA) zu erkennen. Wenn ein Suchender bereit ist, diesen Weg zu gehen, dann stehen ihm die lichten Kräfte in diesem Kampf bei, damit er den Weg zum unzerstörbaren, dauerhaften Leben gehen kann.

## Die Grundhaltungen eines yogischen Lebens

Ein Yogi zu sein bedeutet, sich dieser innewohnenden Liebe bewußt zu werden, diese auch anzunehmen und im Alltag zu offenbaren. In allen Religionen und Kulturen gab und gibt es immer wieder Heilige und Yogis, die durch ihr Leben und Wirken diese Liebe weitergegeben haben: Unser verehrter Satguru Paramahansa Yogananda hat durch sein Leben ein Beispiel dieser Liebe gegeben. Ein Yogi zu sein heißt, durch Glaube (SRADDHA) und Einweihung in eine Gemeinschaft integriert zu sein; es heißt nach dem Vorbild der Satguruis in ihrer Kraft und in ihrem Geist zu leben und in einer Gemeinschaft (SANGHA) und Gesellschaft zu wirken. Ein Yogi sollte ständig in Verbindung mit dem Urgrund und der Quelle allen Lebens stehen. Gelingt ihm dies, so wird sein Leben von Liebe, Mitleid und Barmherzigkeit durchdrungen sein und auch im Gebet und in der Meditation zum Ausdruck kommen. Wir sollten in einer meditativen Haltung leben; die verschiedenen Erfahrungen, Stationen und Ereignisse des Lebens sollen Anlaß und Grund zu einer dauernden Verbindung mit der Transzendenz sein: Freude und Leid, Hoffnung und Enttäuschung, Unternehmungen und Reisen, größere Entscheidungen, Beginn oder Ende eines Lebensabschnittes, aber auch Anfang und Ende des Tages oder eine gemeinsame Mahlzeit. Die Erfahrung vieler Yogis kennt verschiedene Formen der Meditation: Die schweigende Meditation ebenso wie das Wiederholen eines Jappams (Mantra), oder das Singen von Bhajans (Lieder). Als Yogi zu leben bedeutet also, in einer liebevollen Haltung sein eigenes Ja zum Leben zu sprechen und in einer Gemeinschaft auf dem Weg zur Vollendung unterwegs zu sein.

***Yogisches Leben ist geprägt vom Glauben und der Hoffnung an die göttliche L I E B E (Prema) !!!***

## **DER GLAUBE** (SHRADDA)

„Glaube entsteht, wenn sich die natürliche Liebe des Herzens aufs höchste entwickelt." (Sri Yukteswar)

Glauben heißt, nie an dem Vorhandensein der Liebe zu zweifeln, trotz schlechter Erfahrungen immer an das Gute in der Welt zu glauben. Glauben bedeutet aber auch durch konkrete Werke der Liebe aktiv für diese yogische Grundhaltung einzutreten und sie nicht zu verschweigen. Ihre höchste Ausformung findet der Glaube dann, wenn wir bereit sind für diesen Glauben gewandelt zu werden. Glauben bedeutet somit sein Leben vollständig und bedingungslos dieser spirituellen Liebe unterzuordnen und nur im Geiste der Liebe zu handeln. Dieser Glaube ist Gnade und zugleich Werk des Menschen. Wenn wir uns mit aller Kraft und Beharrlichkeit dieser Liebe zuwenden, so werden wir sie eines Tages erfahren können. Wir üben uns täglich in der Meditation und beten um eine Vertiefung des Glaubens: Durch Anhören von Vorträgen, durch Lesen von spiritueller Literatur und durch Gespräche mit Schwestern und Brüdern. Durch Besinnung und Weiterbildung bemühen wir uns, daß unser Leben immer mehr vom Glauben geprägt wird.

Es ist nicht wichtig welcher äußeren Religionsform jemand angehört, ob jemand Hindu, Buddhist, Moslem, Christ oder Jude ist. Nicht die Zugehörigkeit zu einer bestimmten Religionsgemeinschaft ist Garantie für Erlösung oder bestimmt den Grad der Liebesfähigkeit. Auch wenn ein Yogi keiner der anerkannten Kirchen angehört oder kein religiöses Bekenntnis hat kann er Selbstverwirklichung erlangen. Der Maßstab innerer Reinheit allein bestimmt die Nähe einer Person zu Gott! „Selig, die reinen Herzens sind, denn sie werden Gott schauen".

Eine passive liebevolle Haltung genügt nicht um ein Yogi zu sein. Allein unser aktives Verhalten, Werke der Nächstenliebe zeigen wie tief ein Mensch in der Liebe verankert ist. Eine Liebe ohne Taten ist wertlos und keine echte spirituelle Liebe, sie ist nur Einbildung bzw. Illusion des Betreffenden. Jeder Mensch hat durch sein Überbewußtsein (Göttliches Selbst) Verbindung zu den Quellen des Lebens und der Freude und somit ist er berufen, sein ganzes Streben und Sehnen in diese Richtung zu lenken, damit er von diesem höheren Teil seines Wesens geführt und geleitet wird. Da jedoch die Gefahr besteht, daß ein Mensch von seinem Unterbewußtsein gelenkt wird und er oft selbst nicht weiß in welche Richtung er sich bewegt, ist es notwendig einen spirituellen Lehrer (GURU) zu haben, der dem Sucher Vorbild und Wegweiser sein kann. Unter seiner Aufsicht lernt der Schüler dann zu unterscheiden, was richtig ist und dementsprechend zu handeln. Er erwirbt eine sehr wichtige Gabe: Die Unterscheidungskraft (VIVEKA)

## Die HOFFNUNG

Der Glaube an die Liebe läßt uns in keiner Lebenslage ohne Hoffnung sein: Nicht bei wichtigen Entscheidungen und bei verschiedenen Vorhaben, nicht bei Unglücksfällen und Enttäuschungen, nicht in Verfehlungen und Einsamkeit, nicht in Krankheit und Tod. Das göttliche Selbst wirkt schon jetzt in unserem Leben, es lenkt und leitet es. Deshalb soll man sich durch niemanden die Freude rauben lassen, die in der Hoffnung gründet. In dieser Hoffnung muß man sich einüben: Durch Geduld mit sich selbst und den Mitmenschen, durch Nüchternheit und Wachsamkeit, durch Treue und Aushalten von Schwierigkeiten. Die Hoffnung gibt aber auch Mut, sich für die Überwindung schlechter Lebensbedingungen und Zustände einzusetzen.

## Die LIEBE (Prema)

Wir erkennen im höchsten, allgegenwärtigen göttlichen Sein den liebenden Schöpfer aller Menschen. Als Yogis erwidern wir diese Liebe und nehmen zugleich alle Mitmenschen als unsere Brüder und Schwestern an. Wir haben vor jedem Menschen Ehrfurcht, gleich, welcher Rasse, Sprache, welchem Volk oder welcher Religion und Gesellschaftsschicht er angehört. Ein Yogi wird sogar für jene eintreten, die sich an ihm oder anderen verfehlt haben. Yogis sollten in Frieden miteinander leben und den Haß durch die Liebe überwinden lernen.

### Ja zum Leben

Glaube und Hoffnung an die Liebe sind unser Ja zum Leben. Sie befähigen und ermutigen uns, das eigene Leben und das Leben in Gemeinschaft sinnvoll zu gestalten und an der Evolution der Menschheit und an der Entwicklung einer menschenwürdigen Umwelt mitzuwirken.

### Das eigene Leben sinnvoll gestalten

Da wir im innersten Wesen unendliche Liebe und Glückseligkeit sind, müssen wir lernen uns selbst und das eigene Leben zu lieben. Ein Yogi soll seine Anlagen entdecken und entfalten und aus seinem Leben etwas machen. Ein Yogi wird noch in Krankheit, Behinderung, Armut und anderen Belastungen den Wert des eigenen Lebens erkennen. In jedem Abschnitt und jeder Lage hat der Mensch auf je verschiedene Weise die Aufgabe zur Gestaltung und Bewältigung seines Lebens:

Aus Liebe zu sich selbst und zu seinem Leben, aber auch aus Verantwortung seinen Mitmenschen gegenüber, kümmert sich ein Yogi um die Erhaltung und Förderung seiner GESUNDHEIT. Er/Sie wird bisweilen den Lebensrhythmus überprüfen und überlegen, wieviel Arbeit und Leistung erbracht werden kann, wieviel Erholung, Freizeit und Entspannung er braucht. Er wird versuchen, sich die LEBENSFREUDE zu erhalten und sich von den Widrigkeiten des Lebens die Heiterkeit des Herzens nicht rauben zu lassen. Die Freude an Essen und Trinken wird ihn nicht dazu verfahren, unmäßig zu sein. Er wird seine schöpferischen Fähigkeiten verwirklichen und sich z.B. gern der Musik widmen; er wird die kulturellen Angebote nützen und aus der Fülle des Angebotenen sorgfältig auswählen. Er wird die Natur als Schöpfung der Liebe achten, sie pflegen und sie zu seiner Erholung nutzen.

Jeder Mensch braucht für sich und seine Angehörigen auch MATERIELLE GÜTER. Er soll aber weder geizig noch verschwenderisch sein und nach seinen Möglichkeiten auch mit anderen teilen. Ein einfaches und bescheidenes Leben bringt innere Freiheit und Lebensfreude. Zudem ist zu bedenken, daß nicht nur in den Entwicklungsländern Millionen Menschen hungern müssen, sondern daß es auch in unserer Wohlstandsgesellschaft viele gibt, die kaum das Notwendigste haben (manche ältere Menschen, kinderreiche Familien, Arbeitslose).

Jeder soll seinen finanziellen Verpflichtungen seinen Mitmenschen und dem Staat gegenüber nachkommen. Darüber hinaus möge er nach seinen Möglichkeiten jene Aktionen unterstützen die beitragen Not zu lindern sowie die Entwicklung der Welt zu fördern.

### Eine menschenwürdige Welt mitgestalten

Alle Menschen sind dazu berufen, das Werk der Schöpfung weiterzuführen und die Entwicklung der menschlichen Gemeinschaft mitzugestalten. Dies geht nur mühsam und schrittweise, mit Rückschlägen und über viele Irrwege und Umwege. Der Glaube verbietet uns aber Gleichgültigkeit und Resignation, Flucht aus der Wirklichkeit und unkritische Anpassung an modische Ideen. Der gewissenhafte und verantwortliche Umgang mit der Welt und Umwelt ist für einen Yogi nicht nur eine Frage der Zweckmäßigkeit und Wirtschaftlichkeit, der Ökonomie und Ökologie, sondern vor allem durch die Liebe zur gesamten Schöpfung bedingt: „Die in Seufzen und Wehen liegende Schöpfung soll von aller Unwissenheit und Dunkelheit befreit werden".

Sehnsucht nach Frieden durchzieht die Geschichte der Völker. Mit dem Wachsen der negativen, dunklen Kräfte hat auch diese Sehnsucht nach Frieden zugenommen. Der Friede beginnt aber im eigenen Haus, ja im eigenen Herzen: Wir müssen lernen, in uns selbst friedfertig zu werden, wir müssen uns aber auch mit aller Kraft in den Bereichen für den Frieden einsetzen, auf die wir Einfluß haben: Für die Wahrung der Menschen und Bürgerrechte in allen Ländern, für den Abbau von rassistischen und nationalistischen, sozialen und religiösen Vorurteilen.

ARBEIT ist eine Form der Selbstverwirklichung des Menschen und Mitwirkung in der Evolution der Schöpfung. Im Mittelpunkt von Arbeitswelt und Wirtschaft steht der Mensch. Jede sinnvolle Arbeit hat ihren Wert und ihre Würde, ob sie im Beruf oder woanders geleistet wird. Arbeit ist freilich häufig auch mit Mühe und Anstrengung, Spannungen und Konflikten verbunden. Der Mensch braucht aber auch MUSSE als Zustimmung zur Welt im ganzen. Sie findet ihre besondere Verwirklichung im Spiel, in Feier und Fest, in Stille und Besinnlichkeit. Neben der Entspannung und Erholung wird dadurch dem Menschen auch das Woher und Wozu des Lebens bewußt, die Dankbarkeit zum Ausdruck gebracht und die Freude am Leben gestärkt.

## LEBEN IN GEMEINSCHAFT (SANGHA)

Von Anfang an haben Yogis in Ashramas gelebt um in Gemeinschaft mit einem Guru und Satguru das Dharma zu leben und den Menschen zu dienen (SEVA). So soll auch heute jeder Yogi mit einem Ashram verbunden sein. Dazu gehören im besonderen:

### EIN TAG DER BESINNUNG UND EINKEHR

Einmal in der Woche sollte jeder Yogi in Gemeinschaft mit anderen zusammenkommen um zu meditieren. Durch die gemeinsame Stunde der Besinnung, in der Vorträge gehalten werden können, Bhajans gesungen werden, Mantras rezitiert und Gebete gesprochen werden, stützen sich die Yogis gegenseitig, bekommen Impulse für weitere Bemühungen auf dem geistigen Weg und bringen so ihre Liebe und Dankbarkeit ihrem Schöpfer gegenüber zum Ausdruck.

Da immer die Gefahr besteht, daß die Kraft und Freude mit der Zeit erlahmt und nur ein passive Teilnahme an den gemeinsamen Stunden erfolgt, sollten sich möglichst viele Yogis aktiv an der Vorbereitung und Gestaltung der gemeinsamen Stunde beteiligen.

Über die Mitfeier der Stunde hinaus sollten die Yogis einen Tag als Feiertag halten und gestalten; die Dankbarkeit und Lebensfreude, die dadurch zum Ausdruck kommen, werden auch andere stärken. Dieser Tag ist in besonderer Weise den schönen Dingen des Lebens gewidmet; er dient der Erholung, vor allem aber für Muße, Fest und Feier. Er bietet eine besondere Gelegenheit, die Freundschaft zu pflegen, aber auch kranke und einsame sowie alte Menschen zu besuchen. Ein Yogi sollte sich an diesem Tag soweit wie möglich jener Tätigkeiten enthalten, die ihn an diesen Dingen hindern.

### Einweihung ins Mandala

Der yogische Weg beginnt mit der Einweihung. Durch sie werden wir Mitglied eines bestimmten Ashrams und in besonderer Weise Kinder der Transzendenz. Diese Einweihung erfolgt erst nach langer Zeit der Bewährung und Prüfung und bringt zum Ausdruck, daß wir ab nun nicht mehr alleine durchs Leben gehen müssen, sondern in einer Gemeinschaft leben, in der wir füreinander Bruder und Schwester sind. Jeder neue Eingeweihte bekommt einen Namen, der die Neugeburt eines spirituellen Menschen symbolisieren soll. Durch diesen Namen wird die Zugehörigkeit zum Kreis aller Eingeweihten vergangener und zukünftiger Zeiten zum Ausdruck gebracht.

Mit der Einweihung erwirbt jeder Mandala Chela das Recht auf Unterweisung und Führung durch den Guru, auf Teilnahme an den Stunden, auf yogische Erziehung und Bildung. Sie sollten Gemeinschaft mit dem Ashram (ARUNA SANGHA = Gemeinschaft der aufgehenden Sonne) pflegen, vertiefen und zu bewahren suchen. Einmal im Jahr darf jeder Mandala Chela dem Guru ein kleines Geschenk überreichen als Zeichen seiner Dankbarkeit für die Liebe, die er empfangen durfte. Dieses Geschenk (GANAPI) soll auch dazu dienen, die Opferbereitschaft im Chela zu wecken, falls sie noch nicht ausgereift sein sollte. Bei der Einweihung gelobt der Chela dem Satguru und Guruis die Treue für die gesamte Inkarnation und verspricht, in Leid und

Freude den geistigen Weg nicht mehr verlassen zu wollen. Daraufhin wird dem Chela die Augenbinde abgenommen und in das Mandala der brennenden Kerzen geführt, wo ihm zum Zeichen der Einweihung die Hände auf den Kopf gelegt und er gesegnet wird. Sollte ein Chela dieses Versprechen brechen und die Gemeinschaft verlassen, so verliert er alle seine Rechte und darf für den Rest der Inkarnation nicht mehr zum selben Guru zurückkehren. Nur in Ausnahmefällen, oder wenn ein Nachfolger des Guru die Leitung des Ashrams übernimmt wird ein ehemaliger Chela wieder in die Gemeinschaft aufgenommen.

### Einweihung zum Yogi

Die Weihe zum Yogi ist ein neuer Abschnitt im Leben des Chelas. Sie ist eine bewußte und ausdrückliche Zustimmung zur ersten Einweihung und symbolisiert die Vollendung der Entwicklung des Chelas. Erst jetzt ist er zur Mitverantwortung im Ashram berufen und bereit, die empfangene Liebe anderen Menschen weiterzugeben. Durch sein Leben soll er Vorbild und Halt für all jene sein, die noch nicht gefestigt oder stark genug sind, anderen zu dienen und ihnen zu helfen.

### SAMADHI (Erleuchtung)

Die Vereinigung mit Prema, der spirituellen Liebe, ist die Sehnsucht und das Ziel aller Yogis. Sobald alle Voraussetzungen gegeben sind und der Yogi eine bestimmte Stufe erreicht hat, erfährt er das göttliche Licht (das OM, den Pranava Shabda, den Hl. Geist) in seinen Körper eintreten. Die Intensität dieser Erfahrung kann dabei unterschiedlich sein. Es ist wichtig zu wissen, daß es verschieden Stufen von Samadhi gibt, von denen der höchste der Nirvikalpa Samadhi ist. Durch das Eintreten von Licht in den Körper des Yogis wird dieser durchlichtet und geläutert. Gleichzeitig wird die Kundalini aktiviert und steigt die Shushumna empor. Das eigene Prana (feinstoffliche Energie = Licht) vereinigt sich mit dem kosmischen Prana (OM) und versetzt den Meditierenden in einen Zustand der All-Liebe und Glückseligkeit. Durch diese sich wiederholende Erfahrung von Samadhi werden die dunklen Farben der Aura aufgehellt und der alte Mensch mit seinen Schwächen und Ängsten hört auf weiter zu existieren. Das bedeutet daß der alte Mensch sterben muß, damit das höhere Selbst (Gott) im Yogi auferstehen kann. Die Erfahrung von Samadhi hilft dem Yogi auch in schweren Zeiten den eingeschlagenen Weg weiterzugehen.

### Umkehr

Der Zeitpunkt der bewußten Entscheidung ein spirituelles Leben zu führen, wird Umkehr genannt. Durch diese Entscheidung wird dem Yogi, der seine Verfehlungen bereut und aufrichtig bekennt, durch die Liebe selbst die Vergebung geschenkt; er wird mit sich selbst und den Mitmenschen versöhnt.

Jeder Yogi soll sich regelmäßig prüfen, ob er in einer wichtigen Sache, bewußt und freiwillig gegen die Liebe und gegen die Gemeinschaft, gegen seine Mitmenschen oder sich selbst gefehlt hat. Wer sich in diesem Sinne einer schweren Verfehlung bewußt ist, soll sich diese eingestehen und von seinem weiteren Tun ablassen. Er ist verpflichtet, allen angerichteten Schaden nach besten Kräften gutzumachen. Um sich dieser Fehlhaltungen bewußt zu werden ist es notwendig aufmerksam und forschend durchs Leben zu gehen. Die Übung der Achtsamkeit (SATTI PATTANA), hilft dem Yogi seine Bewußtheit zu steigern und Charakterfehler, Schwächen und Ängste zu erkennen. Sie fördert die Selbsterkenntnis und trägt zur inneren Reifung bei.

### BRUDER – SWAMI – GURU

Der Dienst in der Gemeinschaft ist die wichtigste Aufgabe eines Yogis. Erst wenn er bereit ist, seinen Weggefährten im Alltag beizustehen und ihnen zu helfen, ist er ein wahrer Bruder (Schwester). Es muß ein ernstes Anliegen jeder Gemeinschaft sein, in jungen Menschen den Wunsch und die Bereitschaft zum Dienen zu wecken. Wer in sich bereits die beiden gegensätzlichen Pole (männlich – weiblich) vereinigt hat und einen äußeren Partner nicht braucht, ist berufen als Swami (Nonne) zu leben und zugleich mit einem Leben in Armut und Gehorsam seine Liebe zu bezeugen. Was sie vorleben dient allen Yogis zur Ausrichtung ihres Lebens als Ziel. Der Guru ist der spirituelle Führer und Leiter eines Ashrams, er muß jedoch nicht identisch sein mit dem Satguru, der über die Gemeinschaft wacht und sie beschützt. Er verdient als Stellvertreter des Satguru allen Respekt, Ehrfurcht und Liebe der Yogis. Auch ein Guru ist, obwohl er eine hohe Stufe erreicht hat, nur ein Mensch mit Fehlern und Schwächen. Verläßt ein Yogi den Ashram und fehlt gegen die Treue und Liebe zum Guru, so ist das gleichbedeutend mit einem Verlassen des Satguru und der Gemeinschaft (SANGHA), in die er aufgenommen wurde. Nur der Guru selber kann Einweihungen geben und den Chela ins Mandala aufnehmen. Findet eine Einweihung (SHAKTI PAT) statt, so schenkt der Satguru durch den Guru dem Chela einen Teil von sich selbst und hebt ihn zu sich empor. Der Yogi erfährt diese Einweihung als Erweiterung seines Bewußtseins und seiner Erlebnisfähigkeit.

## LEBEN ALS FRAU UND MANN (EHE)

Das universale Bewußtsein, das allumfassende Liebe ist, hat den Menschen als Mann und Frau geschaffen, um in dieser Welt leben zu können, Erfahrungen zu sammeln, und zum Bewußtsein seiner selbst zu gelangen. Das Frau-Sein und das Mann-Sein bestimmen den ganzen Menschen, beeinflussen seine Gefühle und Stimmungen, sein Denken, Wollen und Handeln. Geschlechtlichkeit und Sexualität verweisen auf den Mitmenschen; sie bringen die Beziehung von Person zu Person zum Ausdruck; sie verlangen eine menschenwürdige Gestaltung gemäß dem Stand, in dem einer lebt: Als Jugendlicher, ledig, verheiratet, geschieden oder verwitwet. Aber auch als Mönch (SWAMI) oder Nonne, die bereits in sich beide Polaritäten vereinigt haben und daher eines äußeren Partners nicht mehr bedürfen. SEXUALITÄT soll immer auch Ausdruck einer persönlichen Beziehung sein, die wachsen und reifen muß. Sie darf nicht von der Liebe getrennt werden; sie bedarf der Zärtlichkeit sowie gegenseitiger Achtung und Rücksichtnahme. Die volle geschlechtliche Vereinigung, die einzig und allein nur dann erfolgen sollte, wenn sie von einer spirituellen Liebe zum anderen getragen wird, bedarf besonderer Verantwortung. Gemeinsam haben Mann und Frau in reiflicher Überlegung zu entscheiden, wann ein Kind gezeugt werden darf; die Partner sollen grundsätzlich bereit sein, Kinder anzunehmen und ihnen die notwendige Sorge und Zuwendung zu schenken. Werdendes Leben muß jedem Menschen, erst recht einem Yogi heilig und unverletzbar sein.

### PARTNERSCHAFT IN EHE UND FAMILIE

Wenn die Liebe zweier Menschen eine entsprechende Tragfähigkeit erreicht hat, ist die entscheidende Voraussetzung für die Ehe gegeben. Durch ein Versprechen verbürgen die beiden Partner ihren Entschluß, zu dieser Liebes und Lebensgemeinschaft durch das Jawort für ihr ganzes Leben. Die eheliche Liebe gründet darin und verlangt, daß Mann und Frau Achtung vor der persönlichen Würde ihres Ehepartners haben und um das gegenseitige Wohl besorgt sind. Von dieser ehelichen Partnerschaft muß der Alltag geprägt sein: Beide Partner teilen die Sorge um den Lebensunterhalt, den Haushalt, beide tragen gemeinsam die Verantwortung für die Erziehung der Kinder. Nur auf dem Hintergrund solcher Partnerschaft bleibt auch die eheliche Hingabe auf Dauer jenes wirksame Zeichen, in dem sich die eheliche Liebe ausspricht und das beide Partner beglückt.

Die FAMILIE ist der ursprüngliche Ort, wo der einzelne seine Menschenwürde erfahren und wo er in seiner Beziehung zu den Mitmenschen und in der Liebe wachsen und reifen kann. In der Familie kann und soll jedes einzelne Mitglied Anerkennung und Wertschätzung, Geborgenheit und Heimat, aber auch die Möglichkeit schöpferischer Gestaltung des Lebens finden. In dieser Welt wird es allerdings nicht gelingen, daß Ehe und Familie ohne Konflikte sind; gerade eine partnerschaftliche Einstellung bietet aber Möglichkeiten, in einem offenen Gespräch Konflikte menschenwürdig auszutragen. Das Leben in der Familie bietet viele Anlässe, gemeinsam zu üben und zu meditieren sowie familiäre Feste zu feiern. Einer soll dem anderen ein Vorbild und Beispiel eines yogischen Lebens geben und auch zum spirituellen Gespräch in der Familie beitragen. Die Familie ist ein Ashram im kleinen, sie ist Schule und Keimzelle, in der die Lektionen der Liebe erlernt werden sollten.

Ziel einer yogischen ERZIEHUNG ist der Mensch, der sich ohne Schuldgefühle so annimmt wie er ist und der frei und bereit ist für die Hinwendung zur Liebe, zum Nächsten, zur Gemeinschaft und für die Gestaltung einer menschenwürdigen Welt. Dazu bedarf es auch der Einführung in die lebendigen Werte der Kultur und des yogischen Lebens sowie der Förderung der schöpferischen Kräfte des einzelnen und der Gesellschaft. Um unsere Begabungen und Fähigkeiten entwickeln und unseren Aufgaben gerecht werden zu können, brauchen wir Wissen über uns selbst, über unsere Mitmenschen, über die Welt als Schöpfung und Spiel Gottes. Wir brauchen einander, um die uns innewohnenden Fähigkeiten zu entdecken, zu entfalten und sinnvoll einzusetzen. Kein Mensch muß seinen Weg allein finden; wir alle sind ein Leben lang aufeinander angewiesen und können uns gegenseitig bereichern.

### Im Ashram mitleben und mitarbeiten

Jeder Yogi ist durch die Einweihung beauftragt an den Aufgaben des Ashrams nach seinen Möglichkeiten mitzuarbeiten. Je mehr man im Ashram mitlebt und mitarbeitet, desto mehr empfängt er von den anderen. Jeder soll sich prüfen wie er seinem Ashram und allen anderen Mitmenschen am besten dienen kann. Vor allem soll jeder Yogi dabei mitwirken den Yoga durch sein eigenes Lebenszeugnis weiterzugeben und die Freude und den Frieden in der Welt zu vermehren.

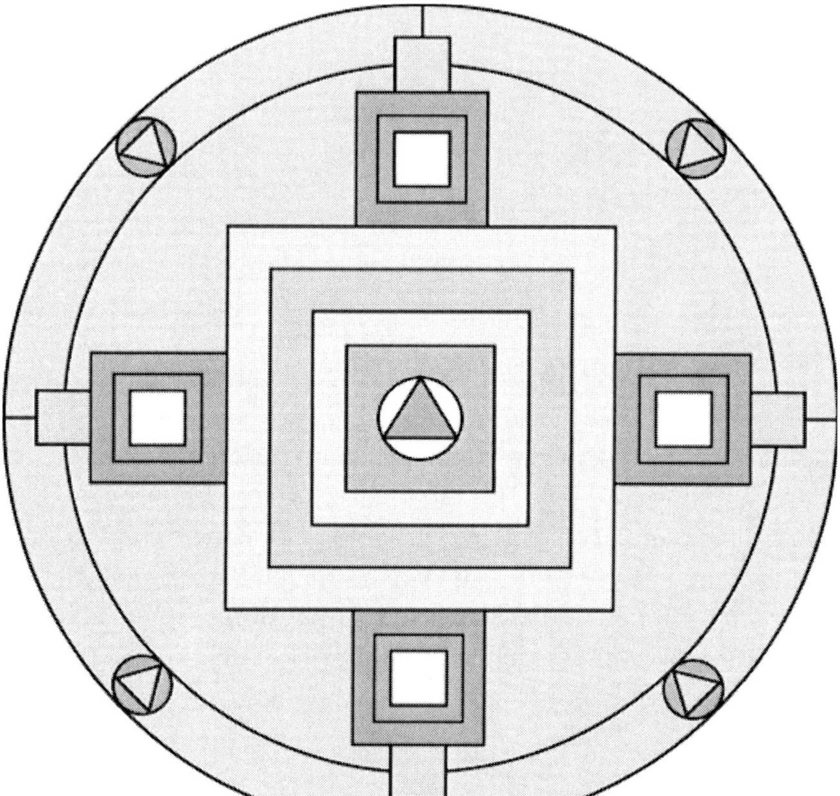

# Die 8 Stufen des RAJA-YOGA

## Der Weg der Meditation

Der RAJA-Yoga wurde bereits vor ca. 2000 Jahren vom Rishi (= Weiser) Patanjali in den Yoga-Aphorismen niedergeschrieben. Dieser Übungsweg gliedert sich in acht Stufen, die weiter unten noch genauer erläutert werden, bzw. aus Aphorismen, die die Grundlage für das Studium und die Übung des RAJA-Yoga bilden (vgl. Swami Vivekananda: RAJA-Yoga). Im 20. Jahrhundert wurde von Premavatar Paramahansa Yogananda diese geheimen Lehren des RAJA-Yoga, den er Kriya-Yoga nannte, den westlichen Menschen offenbart. Der Kriya-Yoga kann nur mit Hilfe eines Guru erlernt werden und bleibt ohne spirituellen Freund und Lehrer nur reine Theorie.

Der RAJA-Yoga besteht aus acht aufeinander folgenden Stufen:

1. **YAMA** (Die 5 Enthaltungen):
   Nicht töten, Wahrhaftigkeit, nicht stehlen, Enthaltsamkeit, kein Annehmen von Geschenken
2. **NIYAMA** (Die 5 Verhaltensregeln):
   Reinlichkeit (Läuterung), Zufriedenheit, geistige Disziplin, Studium, Hingabe an Gott
3. **ASANA** (Die rechte Meditationshaltung)
4. **PRANAYAMA** (Beherrschung der Lebensenergie – Kundalini)
5. **PRATYAHARA** (Verinnerlichung)
6. **DHARANA** (Konzentration)
7. **DHYANA** (Meditation)
8. **SAMADHI** (Erleuchtung – Glückseligkeit)

Wer ohne die beiden ersten beiden Stufen Yoga üben will, gleitet unweigerlich in den Bereich der Magie, des Okkulten und des Spiritismus ab.

Wer nicht gewillt ist die ersten beiden Stufen zu meistern wird Gott niemals erreichen können. Die dritte Stufe soll unseren Körper gesund erhalten, damit wir unseren Weg zu Gott in Gesundheit und Kraft gehen können. Der Körper ist der Tempel Gottes, der darin wohnt.

Die ersten drei Stufen sind exoterisch, d.h. für jedermann zugänglich. Jeder Christ übt sie und kann sich darin vervollkommnen. Die Stufen 4 bis 8 sind jedoch esoterisch, d.h. nur dem eingeweihten Kreis von Chelas (= Schüler, Jünger) geoffenbart. Doch jeder Mensch, der mit reinem Herzen und lauteren Absichten sich dem Göttlichen nähern will, wird eingeweiht werden.

Paramahansa Yogananda, der im Jahre 1956 seine sterbliche Hülle verlassen hatte, wirkt im jenseitigen, feinstofflichen Bereich weiter und nimmt jeden ernsthaft strebenden Menschen als seinen Schüler an.

Paramahansa Yogananda wurde in den Kriya-Yoga in direkter Folge von Mahavatar Babaji, über Lahiri Mahasaya, Sri Yukteswar und Jesus Christus eingeweiht. Er lebte und lehrte den größten Teil seines irdischen Lebens in den USA. In dieser Abhandlung kann nicht die esoterische Lehre vermittelt werden, es wird aber die Theorie des RAJA-Yoga erläutert.

Am Anfang des Weges steht die Umkehr, die Sehnsucht sein jetziges Leben zu ändern und ihm einen positiven Sinn zu geben. Hier beginnt die erste Stufe des RAJA-Yoga:

1. **YAMA** (Die 5 Enthaltungen)

a) Nicht töten (Arglosigkeit): Ist die Lebenseinstellung Nichts und Niemanden in böser Absicht zu verletzen oder gar zu töten. Mahatma Gandhi's Ahimsa (Gewaltlosigkeit) ist eine hohe Ausdrucksform des YAMA.

b) Meiden von Unwahrheit (Wahrhaftigkeit): Niemals die Unwahrheit sagen, nie lügen oder heucheln. Die Indianer Nordamerikas waren solche Menschen, die dieses Yama verkörperten. Die Weißen wurden von den Indianern oft als Menschen, „die mit gespaltener Zunge" redeten (Lügner) bezeichnet.

c) Nicht stehlen: Eines der 10 Gebote Gottes, die ich in einem anderen Artikel bereits behandelt habe. Stehlen ist begründet in der Gier (auch Neid) der Menschen. Eines der drei Grundübel im Buddhismus, die eine Wiedergeburt bewirken.

d) Enthaltsamkeit: Hier ist nicht nur die sexuelle Enthaltsamkeit gemeint, sondern jegliche Jagd nach Sinneslust sollte vermieden werden. Derjenige, der sich bereits im Erdenleben in der Enthaltsamkeit übt, hat im Jenseits (Astraler Bereich) bereits einen Vorsprung, um sich in höhere Ebenen zu erheben.

e) Nichts annehmen: Durch das Annehmen von Geschenken wird man anderen verpflichtet, abhängig und verliert seine Freiheit, die Freiheit der Kinder Gottes. Es gibt sogar einige spirituelle Gemeinschaften, die das „Nichts Annehmen" als Ordensregel haben (vgl. Taize – Frere Roger) und ihren Lebensunterhalt nicht erbetteln, sondern hart erarbeiten.

**2. NIYAMA** (Die 5 Verhaltensregeln)

a) Innere und äußere Läuterung: Gemeint ist hier eine physische, seelische und geistige Läuterung, eine Durchlichtung unserer äußeren Hüllen, die den Atman (= Seele) umgeben.

b) Zufriedenheit: Diese erlangen wir, wenn wir in unserer Mitte (HARA) ruhen und jedes Extrem zu vermeiden suchen (Der goldene Mittelweg). Eine Zufriedenheit, die unabhängig von äußeren Umständen oder der Erfüllung von Wünschen ist.

c) Geistige Disziplin: Ohne Disziplin und Strenge kann nichts im Leben erreicht werden. Dies gilt ebenso für den RAJA-Yoga.

d) Studium: Lernen bedeutet verstehen und erkennen. Durch ständige Beschäftigung mit einem Thema erlangt man Einheit mit dem Objekt des Studiums.

e) Hingabe an Gott bedeutet sich völlig verschenken, seinen Egoismus freiwillig aufgeben, sein Ego sterben lassen, um etwas Höheres hervorbringen zu können – die Liebe, die keinen Haß kennt.

**3. ASANA** (Die rechte Meditationshaltung)

Es gibt natürlich im Hatha-Yoga sehr viele Asanas, doch gemeint ist eine äußere wie innere Haltung, die sich nach Außen durch eine gerade aufrechte (Sitz)Haltung manifestiert. Die Haltung ist das, was einem im Leben Halt gibt und einen Menschen Auf-Recht hält, auch als Meditationshaltung verstanden.

Raja-Yoga bedeutet sinngemäß übersetzt: „Königlicher Yoga". Der Übungsweg für Menschen mit einer edlen (ritterlich, königlichen) Gesinnung. Dieser Meditationsweg ist aber nicht für jeden geeignet, da er bestimmte Voraussetzungen benötigt. Wenn ein Mensch sich in den ersten drei Stufen vervollkommnet, wird er sicherlich die geistige Führung bekommen die er benötigt, um auf dem geistigen Weg weiter fortzuschreiten. Paramahansa Yogananda ist einer der Heiligen Indiens, die einen echten Gottessucher auf ihrem Weg zu Gott beistehen und, wenn er einmal angenommen wurde, nie wieder von ihnen verlassen wird. Er hält dem Schüler sein Wort und ist ein treuer Wegbegleiter bis zur endgültigen Vereinigung mit dem Göttlichen (Samadhi – 8. Stufe). Er lehrte im Westen den Meditationsweg des Kriya-Yoga. Die erste Stufe des Kriya-Yoga (= 4. Stufe des Raja-Yoga) wird als Pranayama bezeichnet.

**4. PRANAYAMA** (Die Beherrschung der Lebensenergie)

Prana bedeutet soviel wie Energie, Lebenskraft (chin. CHI), vom grobstofflichen Atem bis hin zum Gedanken gibt es verschiedene Grade der Energie. Schon Einstein erkannte in seiner Formel: E=m.c2 (Energie = Masse x Quadrat der Lichtgeschwindigkeit), daß Materie letztlich nichts anderes ist als kristallisierte Energie. Die Beherrschung dieser Energie verleiht Macht und kann wie auch alles andere positiv oder negativ verwendet werden. Sie kann ins Verderben oder zur Befreiung führen. Deshalb wird auch immer wieder in verschiedenen Büchern vor der vorzeitigen Erweckung der Kundalini gewarnt. Ein Schüler, der nicht reif genug für diese Kraft ist, wird seine Macht zu egoistischen Zielen (Magie) verwenden. Das Prana ist aber nur ein Mittel und nie Ziel auf unserem Weg. Es ist die Lebenskraft in allen Wesen. Wird dieses Prana mit

Liebe erfüllt, wird es feiner und durchlässiger für göttliche Gedanken, wird es mit Haß erfüllt, wird es gröber und taub für das Göttliche. Es kann verschiedenste Wunder bewirken und den Schüler im Feuer der Läuterung reinigen. Der Weg zur Einheit (Samadhi) wird durch diese machtvolle Energie abgekürzt.

### 5. **PRATYAHARA** (Die Verinnerlichung)

Pratyahara bedeutet Zurückziehung der Lebensenergie von der Außenwelt, die wir durch die 5 Sinne wahrnehmen (Fühlen, Hören, Riechen, Schmecken, Sehen). Dies ist aber erst möglich wenn wir das Prana (die Energie) auch zu kontrollieren vermögen. Ist das nicht der Fall wird unsere Aufmerksamkeit immer wieder von Innen nach Außen gelenkt werden. Solange ein Mensch in der Außenwelt Liebe sucht, wird er immer wieder enttäuscht werden, denn sie befindet sich im Inneren des Menschen, in seinem Herzen. Darum gibt es auch Eremiten, Einsiedler, die in der Einsamkeit Gott suchen. Wer diese Lektion erlernt hat, der ist der Freiheit einen großen Schritt nähergekommen. Da sich die Lebensenergie im Feinstofflichen (Astral) als Prana manifestiert, sind energetische Übungen der Beginn einer Übungsreihe, die im Kriya-Yoga bis zur Beherrschung und Kontrolle der Herz- und Lungentätigkeit geht.

### 6. **DHARANA** (Die Sammlung [Konzentration])

Das Wort Dharana wird oft in einigen Büchern als Konzentration der Denksubstanz auf einen bestimmten Punkt bezeichnet. In anderen Schriften wird Dharana auch als Konzentration auf eine Gottheit (= Objekt) beschrieben. Ähnlich wie ein Laserstrahl gebündelte, konzentriertes Licht ist, so kann ein Mensch seine Energie ebenfalls konzentriert auf ein Objekt seiner Aufmerksamkeit lenken. Wenn er das so macht, kann seine Energie dieses Objekt beleben und ihm hilfreich zur Seite stehen. Doch diese Techniken gehören in den Bereich der Magie und sollte von keinem ernsthaften Wahrheitssucher ausprobiert werden. Die Magie, ebenso wie der Okkultismus und der Spiritismus führen unweigerlich in eine Sackgasse und halten den Menschen im Kreislauf der Wiedergeburten gefangen (Kala-Chakra, Samsara). Wer sich mit diesen Bereichen der Esoterik beschäftigt sollte sich immer vor Augen halten, daß sie nichts mit wahrer Spiritualität zu tun haben. Der Schüler des Yoga sollte seine Aufmerksamkeit vielmehr auf das Anahata(Herz)-Chakra und auf das Ajna(Stirn)-Chakra lenken, denn auf diese Art kann eine Verbindung zum Göttlichen zustande kommen. Ein gesprochenes oder gedachtes Gebet (Mantra) als Stütze für das ruhelose Gemüt ist für den westlichen Menschen Hilfe auf seinem geistigen Weg. Auch Maria, die Mutter Jesu Christi, sagt in unseren Tagen im Erscheinungsort Medjugorje, daß das Gebet die einzige Möglichkeit ist Frieden und Liebe zu erreichen. Die Konzentration der Energie auf das 3. Auge (Ajna) öffnet das Tor zum göttlichen Bereich (Sitz des OM – Hl. Geist).

### 7. **DHYANA** (Die Meditation)

Die wichtigste Grundvoraussetzung um meditieren zu können ist eine passive Grundhaltung. Für einen westlichen Menschen ist diese Grundhaltung sehr schwer zu erlangen, da er von Kindheit an gewohnt ist etwas leisten zu müssen, um etwas zu bekommen. Man darf nichts haben wollen, es muß einfach geschehen. Dhyana wird dann erreicht, wenn die Energie des Yogi von der göttlicher Liebe erfüllt wird. Durch Dharana auf das 3. Auge ergießt sich das göttliche Licht in den Menschen und erfüllt ihn mit göttlichem

Licht (Hl.Geist). Eine hl. Kommunion mit dem Göttlichen wird erreicht und man ist von Glückseligkeit durchdrungen. Noch immer aber ist eine Trennung zwischen dem Meditierenden (Subjekt) und Gott (Objekt) vorhanden. Man erfährt noch immer die Dualität, Gott und der Mensch sind voneinander getrennt, noch fehlt das Bewußtsein der Einheit, die Erkenntnis, daß alles Eins ist. Die Erkenntnis der Einheit wird erst in der 5. Stufe erlangt. In China wird Dhyana als ZEN bezeichnet, der Weg des Zen als TAO-Yoga.

**8. SAMADHI** (Die Gottesverwirklichung)

Wer diese Stufe erlangt hat, ist eins geworden mit dem Göttlichen, Subjekt und Objekt verschmelzen und werden eins. „Ich und der Vater sind eins" (Jesus Christus). Durch die Gnade Gottes und mit Hilfe des geistigen Mentors kann jeder diese hohe Stufe erreichen und wahrhaft ein „Kind Gottes" werden. Die Welle wird zum Ozean, verliert aber nicht das Bewußtsein ihrer Individualität. Die menschliche Seele erkennt sich als allgegenwärtiger Geist. Nach Yogananda gibt es zwei Arten von Samadhi: Sabikalpa Samadhi – der erste oder vorbereitende Zustand, der durch Trance und Unbeweglichkeit des Körpers gekennzeichnet ist.
Nirbikalpa Samadhi – der höchste und unwiderrufliche Zustand der Gottvereinigung, in dem man sich auch frei bewegen kann.
Maha Samadhi – Zustand, wenn ein Yogi in vollem Bewußtsein freiwillig seinen Körper verläßt (Wandlung, im Westen: „Tod")

---

Literaturempfehlungen:

1. Vivekananda: Raja-Yoga (östl. Schüler von Sri Ramakrishna)
2. R.E. Davis: Die Macht der Seele (westl. Schüler von Yogananda)
3. Mantak Chia: Tao Yoga (China)
4. Paramahansa Yogananda: Autobiographie eines Yogi und alle anderen Bücher von und über diesen großen Satguru.

# Der Mensch als Brücke zwischen Materie und Geist

Was ist der Sinn des Lebens? Wie oft haben wir Menschenkinder uns das schon gefragt. Wie oft sind wir wehmütig und nachdenklich geworden in Stunden der Trauer und Schmerzen. Es muß doch noch etwas Höheres, Edleres, Sinnbringenderes geben, als Essen, Trinken und sich zu vermehren. Wie viele Gruppierungen, Kirchen, Sekten, Geheimbünde haben sich aus dieser Frage heraus gebildet und glauben Antworten auf diese Frage gefunden zu haben. Religionsgründer, Heilige, Avatare haben den Menschen immer wieder Antworten dazu gegeben. Doch nur das intellektuelle Wissen darum ist leerer Schall und Rauch. Jeder Mensch muß selber die Antwort auf diese Frage suchen und finden. Nur dann kann er erkennen, daß er dazu berufen ist lieben zu lernen. Manch gescheite Leute mögen sich jetzt fragen: „Wozu müssen Menschen lieben lernen, was soll das für einen Sinn haben?". Als Antwort für diese möchte ich eine kleine Geschichte erzählen.

„Am Anfang war das Göttliche All-eins. Niemand war außer IHM/IHR im Kosmos. Göttlicher Geist erfüllte den Raum und war überall. Licht erfüllte den Kosmos und das göttliche Auge war All-gegenwärtig, All-wissend und All-sehend. Doch Es war all-ein. Da dachte Es bei sich: „Es ist nicht gut, daß Es all-ein ist. Es wird ein zweites schaffen."

Ab diesem Tage nahm die Schöpfung ihren Lauf. Gut und Böse entstanden, Mann und Frau, YIN und YANG. Das Licht wurde dunkler und verdichtete sich zu Materie, solange bis diese irdische Schöpfung entstand. Die Liebe und Weisheit blieben aber in der

Schöpfung und erinnerten an den Ursprung wo alles begann. Die Sehnsucht nach Einheit, nach Geborgenheit liegt tief in jedem Menschen verborgen und ist die Triebfeder für all unser Streben und Handeln. Der Mensch ist die einzige Hoffnung des einen und einzigen Gottes, daß eines Tages, in einer fernen Zukunft, die Schöpfung wieder aufgelöst, die Zweitheit überwunden wird und der ursprüngliche Zustand wiederhergestellt sein wird. Durch die Liebe eines Menschen kann sich die Materie wieder vergeistigen. Kann die Dunkelheit erhellt und der Traum, den wir alle träumen, beendet werden. Dann werden wir im göttlichen Bewußtsein erwachen und feststellen: Wir waren nie getrennt, es war alles nur ein Traum.

Wir haben als Menschen eine ein-zigartige und wunderbare Aufgabe: All das, was getrennt ist, zu verbinden, all das zu tun, was der Hl. Franz von Assisi in einem Gebet so wunderbar ausgedrückt hat.

## Gott, mache mich zum Werkzeug Deines Friedens:

Daß ich Liebe bringe wo man sich haßt,
Daß ich Versöhnung bringe wo man sich kränkt,
Daß ich Einigkeit bringe wo Zwietracht ist,
Daß ich den Glauben bringe wo Zweifel quält,
Daß ich die Wahrheit bringe wo Irrtum herrscht,
Daß ich die Hoffnung bringe wo Verzweiflung droht,
Daß ich die Freude bringe wo Traurigkeit ist,
Daß ich das Licht bringe wo Finsternis waltet.
O Meister,
Hilf mir, daß ich nicht danach verlange:
Getröstet zu werden sondern zu trösten,
Verstanden zu werden sondern zu verstehen,
Geliebt zu werden sondern zu lieben.
Denn:
Wer gibt, der empfängt,
Wer verzeiht, dem wird verziehen,
Wer stirbt, der wird zum ewigen Leben geboren.

*Amen – OM – Shanti – OM*

*Tarot des Court de Gebelin*

## Symbolik und Bedeutung der Sonne für alle Wesen

Am Anfang wurde kurz über die Bedeutung von Sol (lat. Sonne) gesprochen. Auf diese Symbolik möchte ich jetzt genauer eingehen. Die Sonne als Spenderin von Licht und Wärme wird in allen Kulturen als göttlicher Lebensquell angesehen. Viele naturverbundene Völker hatten die Sonne als zentrales Symbol der Verehrung in ihren religiösen Riten. Auch in unserer christlichen Kultur wird das Göttliche, Heilige als goldene Aura bei Statuen und Bildern dargestellt.

Zur Sommersonnenwende, wenn die Tage am längsten und heißesten sind, wird trotz (oder gerade wegen!) unserer christlichen Kultur auf dem Land noch immer das Sonnwendfeuer (24. Juni) angezündet. Es ist der Wendepunkt, wenn das Licht und die Wärme sich am Höhepunkt ihrer Entfaltung befinden. Gerade diese beiden Aspekte des Lichtes und der Wärme sind mir besonders wichtig. Licht ohne Wärme ist kalt und Wärme ohne Licht ist dunkel. In der Sanskrit-Sprache bedeutet Aruna soviel wie „aufgehende Sonne" und alle Menschen, die in ihren Herzen diese aufgehende Sonne verspüren, gehören zur selben Sangha (Gemeinschaft). Ihr Symbol ist ein Kreis, in dessen Mitte sich eine rote, im Aufgehen begriffene Sonne befindet. So wie die Sonne Licht und Wärme ausstrahlt, strahlt auch der Mond Licht, aber keine Wärme aus. Er ist nur der Widerschein der Sonne, ein schwacher Abglanz. Aus diesem Beispiel kann man ersehen, daß das Licht warm, aber auch kalt sein kann. Spricht man nicht auch oft von „blendendem, grellem" Licht? Licht, das in die Irre führen kann, weil es einen blendet – blind macht. Zwei Seiten einer Medaille, vorne und hinten, gut und böse. Im Spirituellen bedeutet das, daß es nicht nur heilige Menschen, Menschen der Liebe und Wärme, sondern auch Verführer und Blender gibt, die andere Menschen in die Irre führen. Individuen, die das Gegenteil der aufgehenden Sonne verkörpern, die „Wesenheiten der Dunkelheit". Seelen im Diesseits oder im Jenseits, die die Verbindung zum Göttlichen verloren haben, und deren Licht deswegen nur mehr grell und ohne Wärme leuchten kann.

Das Wort Lux, -cis (lat.) bedeutet Licht; doch Lucis und Lucifer haben denselben Wortstamm! Bedeutet dies nun, daß das Licht böse sein soll? Mitnichten! Licht allein ist nur Quantität (Kraft, „Power"), nicht Qualität!! Licht ist nicht dasselbe wie Liebe! Der „Lichtträger" (Lucifer), wie er so oft in diversen Büchern zitiert wird, ist nicht derjenige, der uns Liebe und Wärme bringt, sondern Haß und Kälte, Egoismus und Verblendung und vielleicht kurzfristig Macht und Einfluß. Wer ihm folgt betritt einen Weg, der in die Einsamkeit führt. Er ist ein „armer Teufel", er kann sich allein nicht mehr von diesem Einfluß lösen. So ein Mensch braucht die liebende Zuwendung eines „Engels", eines sonnendurchfluteten Wesens um sich wieder zum Göttlichen erheben zu können. Es gibt viele „Gemeinschaften", die ohne es zu wissen, unter dem Einfluß dieses kalten Lichtes stehen. In der letzten Ausgabe wurden solche Gruppierungen genannt. Diesmal möchte ich eine Gruppe besonders erwähnen, die sich „Fiat Lux" nennt. Auch hier gibt es ein Medium (Channel), das von einer „höheren" Wesenheit Eingebungen empfängt. Diese Wesenheit soll angeblich niemand geringerer sein als Jesus Christus! Die von dem Medium übermittelte neue Lehre erinnert sehr an theosophisches Gedankengut und man könnte fast glauben, daß der Geist ein Theosoph ist. In der Bibel (NT) gibt es eine Stelle, die ich hier zitieren möchte: „Wenn dann jemand zu euch sagt: „Seht, hier ist der Messias!" oder: „Seht dort ist er!", so glaubt es nicht! Denn es wird mancher falsche Messias und mancher falsche Prophet auftreten ..." (*Mk 13,21*).

Für alle Menschen gibt es zwei Wege, für einen davon muß man sich entscheiden. Dargestellt auch in der Tarot-Karte Nr. 6 „Der Scheideweg (Entscheidung)" der großen Arkana des Buches THOT. Der eine Weg ist breit und leicht, aber er führt ins Verderben, der andere ist schmal und beschwerlich, nur wenige finden ihn). Der richtige Weg führt zu Gott, führt zur Befreiung (Mokhsa). Es ist der Weg der göttlichen Liebe und somit des wahren Lichtes und der Wärme.

In dem Maße, in dem ich mich dem „Du" hingebe, gewinne ich das Leben in Gott. In dem Maße, in dem ich mich im „Ich" verliere, verliere ich das Leben in Gott.

Mit einem Gebet der Sioux-Indianer, das diese Einstellung widerspiegelt, möchte ich alle Leser auffordern, diesen Weg zu beschreiten.

---

„Hütet euch vor den falschen Propheten, sie kommen zu euch wie (harmlose) Schafe, in Wirklichkeit aber sind sie reißende Wölfe" (Mat 7,15)

„Mein Weg ist sehr schwer; als ob man durch ein Dornengestrüpp geht, als ob man auf Messers Schneide balanciert, als ob man auf eine geladene Pistole zugeht; viele Heilige sind auf diesem Weg gescheitert" S. 78 Babadschi (M.-G. Wosien)

## Gebet der Sioux-Indianer

Oh großer Geist, dessen Stimme ich in den Winden vernehme und dessen Atem der ganzen Welt Leben spendet, höre mich. Ich trete vor Dich hin als eines Deiner vielen Kinder. Ich bin klein und schwach. Ich bedarf Deiner Kraft und Weisheit. Laß mich in Schönheit wandeln und laß meine Augen immer den roten und purpurnen Sonnenaufgang schauen. Laß meine Hände die Dinge verehren, die Du gemacht hast, und meine Ohren Deine Stimme hören. Schenke mir Weisheit, damit ich die Dinge, die Du mein Volk gelehrt hast, und die Lehre, die Du in jedem Blatt und in jedem Felsen verborgen hast, erkennen möge. Nicht um meinen Brüdern überlegen zu sein suche ich Kraft, sondern um meinen größten Feind bekämpfen zu können – mich selbst. Mache mich immer bereit mit reinen Händen und geradem Blick zu Dir zu kommen, damit mein Geist, wenn dereinst mein Leben verblaßt wie die untergehende Sonne, ohne Scham zu Dir kommen möge.

# Hab' Sonne im Herzen, ob's stürmt oder schneit!

Symbole sind Bilder, die eine tiefe Bedeutung haben. Der Mensch denkt auch in Bildern. Zuerst ist immer eine Vorstellung (ein Bild, Imago), das der Mensch versucht in Worten auszudrücken. Vor dem Turmbau zu Babel (vor der Inkarnation in die physische Welt) verstanden und verstehen sich alle Wesen durch Gedankenübertragung (Telephatie), die immer in Form von Bildern geschieht. Nachts, wenn Menschen schlafen und träumen sehen sie diese Bilder wieder und werden davon beeindruckt (Ein Bild sagt mehr als 1000 Worte!). Das Bild der Sonne steht für Licht und Wärme, das Herz für das Leben des Menschen. Genauso, wie eine Pflanze die Sonne zum Wachstum braucht, so benötigt der Mensch das wärmende Licht Gottes – die Liebe – um wachsen und gedeihen zu können. Selbst die Wissenschaft hat bereits erkannt, daß ein Neugeborenes ohne der Liebe und Zuwendung seiner Bezugsperson (im Idealfall die Eltern) kaum Chancen zu überleben hat, selbst wenn für leibliche Nahrung und Hygiene gesorgt wird. Hier steht sogar die fortschrittliche Medizin vor unüberwindbaren Grenzen. Aus der Liebe erwächst als Frucht Weisheit, Bewußtheit und Gottesverwirklichung. Gott verwirklichen, zur Wirklichkeit werden lassen, ist keine Phantasie religiöser Spinner, sondern eine Realität, die jeder von uns erreichen kann. Vom Traum zur Wirklichkeit, aus dem Schlaf zur Wachheit. Bewußter werden und Bewußtheit erlangen, das bedeutet Erleuchtung und Befreiung.

Unser Leben, egal ob im Diesseits oder im Jenseits, ist ein Traum. Wir träumen, daß wir leben, daß wir sterben, daß wir glücklich oder traurig sind.

Der Heilige und Yogi Paramahansa Yogananda sagte folgendes:

„Wache auf für die eine Wirklichkeit, für Gott, dann wirst du merken, daß dieses Erdenleben nichts weiter als ein Schauspiel ist. Ein Schauspiel aus Schatten und Licht! In einem Film erscheint die Handlung sehr real. Schaut man jedoch zum Vorführraum hoch, so erkennt man, daß die ganze Geschichte durch einen einzigen Lichtstrahl erzeugt wird. So ist es nun einmal in diesem großen Film der Schöpfung.

Dieses Universum ist ein Traum Gottes. Seine Unermeßlichkeit ist ein Hinweis auf die Grenzenlosigkeit des Bewußtseins. Der Grundstoff des Universums ist das Bewußtsein. Die Materie selbst wurde einfach in die Existenz hinein gedacht – zuerst als Energie und dann als Materie. Kosmische Energie ist nichts anderes als eine Projektion von Gottes Willen."

Im Jenseits (Astralwelt), in das wir nach dem Tod (Wandlung) gelangen, gibt es verschiedene Bewußtseinsebenen, vom Skalpa (Hölle, die nicht ewig dauert) bis zum 7. Himmel, der uns paradiesische Zustände beschert.

„Dort im Jenseits gehen die Illusionen weiter. Sosehr haben sich die Menschen ja doch nicht geändert. Ihre schlechten Taten tragen sie ab in niederen Ebenen mit niederen Illusionen, für ihre guten Taten werden sie belohnt in schönen Ebenen mit schönen Illusionen. Sie haben dort schöne Häuser oder Paläste, gehen in Brokat gekleidet mit Perlen und Juwelen behangen, als wohltuender Kontrast zu den Fetzen in den niederen Ebenen, die ein jeder von ihnen durchschritten hat. Wer hat in seinem Leben ausschließlich gut gedacht, gefühlt, gehandelt, daß ihm die sichtbare Manifestation seiner niederen Natur erspart bliebe?" (*aus: „Ein Yogi aus dem Westen" von Swami Vayuananda*)

Im „Himmel“ leben Wesen, die bereits einen sehr hohen Bewußtseinsstand erreicht haben und von unserer irdischen Betrachtungsweise, wie Götter erscheinen mögen. Im Jenseits gibt es keine Krankheiten, kein Alter und keinen Tod, doch gibt es für die, die sich schneller entwickeln wollen, die Wiedergeburt in die physische Welt. Viele glauben, die Astralwelt wäre das Paradies, doch das ist ein großer Irrtum. Gäbe es nicht die irdische Welt oder andere Planeten, mit all ihren Mängeln, Begrenzungen und Leiden, in die wir hineingeboren werden, würde der Mensch mit dem was er ist und was er erlebt, völlig zufrieden sein und die Bewußtseins-Entwicklung würde stagnieren.

Buddha selbst war ein Gleichnis für ein Wesen der Astralwelt. Der Prinz Siddharta (ein Astralwesen) lebte im Königsschloß seines Vaters, das von hohen Mauern umgeben war (im Jenseits, das vom Diesseits getrennt war). Doch er wollte die Welt außerhalb des Palastes kennenlernen. Darum verließ er seine Heimat (Astralwelt) und mischte sich unter das Volk außerhalb des Palastes (er inkarnierte sich auf der Erde) und begegnete dem dreifachen Leid: „Alter, Krankheit und Tod“. Durch diese Erfahrung geläutert, beschritt er den spirituellen Pfad und erlangte letztendlich Erleuchtung. So gesehen sind wir, jeder einzelne, der Prinz Siddharta, ein zukünftiger Buddha. Doch in unserer Zeit, in der es Bücher, TV, Video, Kino, Computerspiele gibt, flüchtet jeder Mensch in die Traumwelt dieser Medien. Er verpaßt die einmalige Chance aus seinem Traum zu erwachen. Ja, wir sind schon soweit, durch Computertechnologien neue Traumwelten zu erschaffen. Die sog. „virtual reality“ ist nichts anderes als eine weitere Traumwelt, in die wir uns flüchten, um nicht erwachen zu müssen. Das Erwachen wäre ja verbunden mit Entsagung, Hinwendung zu Gott, zur Entfaltung der Liebe und des Lichtes – der Sonne im Herzen.

„Aus dem großen Strahl kosmischen Lichtes manifestierte sich das gesamte Universum. Es handelt sich um einen kosmischen Film, der in vielerlei Hinsicht demjenigen im Kino ähnelt. Der Unterschied ist weitgehend ein gradueller. Was du im Kino siehst, ist zweidimensional und nur für den Sehsinn und das Gehör wahr. Der kosmische Film ist dreidimensional und er ist auch für den Geschmacksinn, den Geruchsinn und den Tastsinn wahr.

Der Film, den du im Kino siehst, kann dich zum Lachen und zum Weinen bringen. Um wieviel überwältigender ist Gottes Film, der auch das Tiefenerlebnis und nicht nur zwei, sondern alle fünf Sinne einbezieht! Dieses Leben ist jedoch nicht realer als ein Film." (*Paramahansa Yogananda*)

Jeder Mensch hat 5 Sinne. Er kann hören, sehen, fühlen, schmecken und riechen. Diese Sinneswahrnehmungen lenken seine Aufmerksamkeit (Energie!) in die Außenwelt (Traumwelt). Doch die Wirklichkeit liegt nicht in der Traumwelt des irdischen Lebens oder des astralen Lebens. Wir müssen aufwachen aus diesem Traum, sonst sind wir spirituell gesehen nichts anderes als Schläfer.

„Die Menschen leben zu sehr stellvertretend; sie orientieren sich zu sehr an den Meinungen anderer. Du mußt damit beginnen dein eigenes Leben zu leben, nicht das Leben irgendeines anderen Menschen! Dein wichtigstes Bestreben sollte sein Gott zu gewinnen, nicht deinen Mitmenschen zu gefallen." (*Paramahansa Yogananda*).

Wir sollten Selbstbewußtsein entwickeln, Selbsterkenntnis (= Gotteserkenntnis) erlangen. Das kleine individuelle Bewußtsein bis zur Unendlichkeit entfalten. Wir müssen den Entschluß fassen, nicht die Träume anderer zu träumen, sondern wir müssen unser eigenes Leben in die Hand nehmen; wir müssen uns aus der Masse erheben und eine eigene Individualität entwickeln (vgl. C.G. Jung: Individuation). Zuerst unser Wesen abgrenzen, dann, wenn wir stark genug sind, unsere Grenzen überschreiten; Liebe entwickeln und dann andere mit einbeziehen. Es ist eine Entwicklung, die vom Stein, über die Pflanze zum Tier, weiter zum Mensch und zum Engel (göttliches Wesen) und ihren Höhepunkt in der Einheit mit Gott selbst erreicht. Da der Mensch einen freien Willen von Gott auf seine Reise mitbekommen hatte, liegt es nur an uns, ob wir erwachen wollen, oder ob wir auf einer Stufe stehenbleiben wollen.

„Das Ziel des Lebens ist es Gott zu finden. Diejenigen, die spirituelle Lehren wirklich praktizieren – also nicht jene, die nur darüber sprechen –, erreichen ihr Ziel.“ (*Yogananda*)

Paramahansa Yogananda hat in einem Traum einem Jünger eine Botschaft übermittelt, die als Gleichnis für unser Leben hier auf Erden gedeutet werden kann: In einer riesengroßen Arena sitzen viele Menschen um einem Schauspiel beizuwohnen. Es ist dies die Darstellung der Apokalypse, eine Art Tragödie wird in diesem Theater aufgeführt als Belehrung was passiert, wenn die Menschen auf die Liebe in ihrem Leben, auf Gott, vergessen. Alle Menschen in dieser Arena sind jedoch nicht nur Zuschauer, nein, sie sind auch direkt Beteiligte! So ist es tatsächlich: Wir sind zugleich Zuschauer und Handelnde, beide sind in Wirklichkeit Eins. Nur wenige Menschen identifizieren sich nicht mit diesem physischen Leib, mit seinem Karma. Wir alle erleben diese Zeit als dunkel und lieblos. Zwei Weltkriege haben das 20. Jahrhundert geprägt, ein 3. Weltkrieg (?) steht womöglich noch bevor. Viele Menschen haben Angst, sind traurig, fühlen die Kälte, die Dunkelheit, die

Lieblosigkeit unserer Zeit. Sogar die Natur reagiert darauf; Überschwemmungen, Erdbeben, Vulkanausbrüche, Stürme und Orkane suchen die Menschheit heim. Der Jünger, der all dies erlebt, sitzt zu Füßen von Paramahansa Yogananda. Ein 2. Jünger ist auch da. Es ist wunderbar einfach so in der Nähe des großen Yogi und Heiligen sein zu dürfen, mitten in dieser seelischen Dunkelheit. Yogananda ist unser Freund. Eine Durchsage kündigt nun an, daß Yogananda sich den Menschen zeigen wird, doch niemand erkennt ihn, der mitten unter uns ist. Er spricht dann mit den beiden Jüngern und versichert ihnen, sie auf ihrem Lebensweg zu begleiten, bis das große Ziel erreicht ist. Er ist unser Beschützer und Lehrmeister. Die Vorstellung geht dem Ende zu. Ein Großteil der Menschheit ist in einem 3. Weltkrieg hinweggerafft worden, nur wenige sind übriggeblieben, doch sie werden eine neue Welt aufbauen, einen neuen Versuch wagen. Es besser machen, als die Menschheit des 20. Jahrhunderts. Das Stück ist nun aus, viele Menschen gehen nach Hause (ins Jenseits zurück). Die übriggebliebenen spielen bereits das nächste Theaterstück. Diese Aufführung trägt den Titel: „Wiederaufbau im 21. Jahrhundert". Es sind nur eine Handvoll, doch sie haben diese Lektion gelernt, haben aus den Fehlern der anderen die Erkenntnis gezogen, wie man es besser macht. Diese sind die Menschen, die Sonne im Herzen tragen und ihre wärmende Liebe ausstrahlen auf alle Wesen, denen sie begegnen. Sie sind geläutert, haben das Purgatorium durchlebt und sind Stammväter und -mütter der neuen Zeit, die von Güte und Liebe erfüllt ist, von Treue und Ehrlichkeit, von Pflicht- und Selbstbewußtsein. Sie sind wahre Geschwister zueinander und Kinder Gottes.

In seinen letzten Erdenjahren sprach der große Yogi und Meister Yogananda wiederholt und mit Nachdruck von einem Plan, der nach seiner Aussage dazu bestimmt ist, ein grundlegendes soziales

Modell für das neue Zeitalter zu werden: Die Bildung von idealistischen Gemeinschaften:

„Der Tag wird kommen“, sagte er voraus, „wo diese Idee sich wie ein Lauffeuer über die Welt verbreitet. Kommt zusammen, alle Menschen mit gemeinsamen hohen Idealen. Legt eure Geldmittel zusammen. Kauft Ackerland. Ein einfaches Leben wird euch inneren Frieden bringen. Harmonie mit der Natur wird euch ein Glück schenken, das wenige Stadtmenschen kennen. In Gesellschaft anderer Wahrheitssucher wird es für euch einfacher sein, zu meditieren und an Gott zu denken. Die Zeit ist knapp“, sagte er wiederholt zu seinen Zuhörern. „Ihr habt keine Ahnung von dem Leid, das der Menschheit bevorsteht. Neben Kriegen wird es eine wirtschaftliche Not geben, wie lange nicht mehr. Das Geld wird nicht einmal das Papier wert sein, auf dem es gedruckt ist. Millionen werden sterben. Ihr wißt nicht, was für ein furchtbarer Zusammenbruch kommen wird.“ (*Aus: „Städte aus Licht", Swami Kriyananda*)

Diese Prophezeihungen sind sicherlich nicht auf die leichte Schulter zu nehmen. Wer weiß schon was uns in der Zukunft erwartet? Doch sollten wir die Hoffnung deswegen nie aufgeben. Wir sollten immer daran denken und es wissen: „Dieses Leben ist ein Traum, ein Traum ist das Leben!“

Die Seele ist unsterblich weil wir Kinder Gottes sind, wenn wir es nur wollen. So hab' also Sonne im Herzen, egal ob's stürmt oder schneit!

# Auferstehung Jesu und Himmelfahrt

Als der Sabbat vorüber war, kauften Maria aus Magdala, Maria, die Mutter des Jakobus, und Salome wohlriechende Öle, um damit zum Grab zu gehen und Jesus zu salben. Am ersten Tag der Woche kamen sie in aller Frühe zum Grab, als eben die Sonne aufging. Sie sagten zueinander: „Wer könnte uns den Stein vom Eingang des Grabes wegwälzen ?" Da sahen sie, daß der Stein vom Grab weggewälzt war; sie gingen hinein, aber den Leichnam Jesu, des Herrn, fanden sie nicht. Maria aber stand draußen vor dem Grab und weinte. Während sie weinte, beugte sie sich in die Grabkammer hinein. Da sah sie zwei Engel in weißen Gewändern sitzen, den einen dort, wo der Kopf, den anderen dort, wo die Füße des Leichnams Jesu gelegen hatten. Die Engel sagten zu ihr: „Frau, warum weinst du ?" Sie antwortete ihnen: „Man hat meinen Herrn weggenommen, und ich weiß nicht, wohin man ihn gelegt hat." Die Engel aber sagten zu den Frauen: „Was sucht ihr den Lebenden bei den Toten ? Er ist nicht hier, sondern er ist auferstanden. Erinnert euch an das, was er euch gesagt hat, als er noch in Galiläa war: Der Menschensohn muß den Sündern ausgeliefert und gekreuzigt werden und am dritten Tag auferstehen." Da erinnerten sie sich an seine Worte. Als der Engel das gesagt hatte wandte Maria sich um und sah Jesus dastehen, wußte aber nicht, daß es Jesus war. Jesus sagte zu ihr: „Frau, warum weinst du ? Wen suchst du ?" Sie meinte es sei der Gärtner und sagte zu ihm: „Herr, wenn du ihn weggebracht hast, sag' mir, wohin du ihn gelegt hast. Dann will ich ihn holen." Jesus sagte zu ihr: „Maria !" Da warf sie sich vor ihm nieder, umfaßte seine Füße und sagte auf hebräisch zu ihm: „Rabbuni", das heißt: Meister. Jesus sagte zu ihr: „Halte mich nicht fest, denn ich bin noch nicht zum Vater hinaufgegangen. Geh' aber zu meinen Brüdern und sage ihnen: Ich gehe hinauf zu meinem Vater und zu eurem Vater, zu meinem Gott und zu eurem Gott." Und sie kehrten in die Stadt zurück und berichteten alles den elf und den anderen Jüngern. Doch die Apostel hielten das alles für Geschwätz und glaubten ihnen nicht. Petrus aber stand auf und Johannes folgte ihm; sie liefen beide zusammen dorthin, aber weil Johannes schneller war als Petrus, kam er als erster ans Grab. Er beugte sich vor und sah die Leinenbinden liegen, ging aber nicht hinein. Da kam auch Simon Petrus, der ihm gefolgt war, und ging in das Grab hinein. Er sah die Leinenbinden liegen und das Schweißtuch, das auf dem Kopf Jesu gelegen hatte; es lag aber nicht bei den Leinenbinden, sondern zusammengebunden daneben an einer besonderen Stelle. Da ging auch Johannes, der zuerst zum Grab gekommen war, hinein: Er sah und glaubte. Dann kehrten sie nach Hause, voll Verwunderung über das, was geschehen war.

Am Abend dieses ersten Tages der Woche (Sonntag), als die Jünger aus Furcht vor den Juden die Türen verschlossen hatten, kam Jesus, trat in ihre Mitte und sagte zu ihnen: „Friede sei mit euch!" Sie erschraken und hatten große Angst denn sie meinten einen Geist zu sehen. Da sagte er zu ihnen: „Was seid ihr so bestürzt? Warum laßt ihr in eurem Herzen solche Zweifel aufkommen? Seht meine Hände und meine Füße an: Ich bin es selbst. Faßt mich doch an, und begreift: Kein Geist hat Fleisch und Knochen, wie ihr es bei mir seht." Bei diesen Worten zeigte er ihnen seine Hände und Füße. Sie staunten, konnten es aber vor Freude immer noch nicht glauben. Da sagte er zu ihnen: „Habt ihr etwas zu essen hier?" Sie gaben ihm ein Stück gebratenen Fisch; er nahm es und aß es vor ihren Augen. Dann sprach er zu ihnen: „Das sind die Worte, die ich zu euch gesagt habe, als ich noch bei euch war: Alles muß in Erfüllung gehen, was im Gesetz des Mose, bei den Propheten und in den Psalmen über mich gesagt ist." Darauf öffnete er ihnen die

Augen für das Verständnis der Schrift: Er sagte zu ihnen: „So steht es in der Schrift: Der Messias wird leiden und am dritten Tag von den Toten auferstehen und in seinem Namen wird man allen Völkern angefangen in Jerusalem verkünden, sie sollen umkehren, damit ihre Sünden vergeben werden. Ihr seid Zeugen dafür. Und ich werde die Gabe, die mein Vater verheißen hat, zu euch herab senden. Bleibt in der Stadt, bis ihr mit der Kraft aus der Höhe erfüllt werdet (Pfingsten). Geht nicht weg von Jerusalem, sondern wartet auf die Verheißung des Vaters, die ihr von mir vernommen habt. Johannes hat mit Wasser getauft, ihr aber werdet schon in wenigen Tagen mit dem Heiligen Geist getauft werden." Als sie nun beisammen waren, fragten sie ihn: „Herr, stellst du in dieser Zeit das Reich für Israel wieder her?" Er sagte zu ihnen: „Euch steht es nicht zu, Zeiten und Fristen zu erfahren, die der Vater in seiner Macht festgesetzt hat. Aber ihr werdet die Kraft des Heiligen Geistes empfangen, der auf euch herabkommen wird; und ihr werdet meine Zeugen sein in Jerusalem und in ganz Judäa und Samarien und bis an die Grenzen der Erde."

Am gleichen Tag waren zwei von den Jüngern auf dem Weg in ein Dorf namens Emmaus, das sechzig Stadien (11 km) von Jerusalem entfernt ist. Sie sprachen miteinander über all das, was sich ereignet hatte. Während sie redeten und ihre Gedanken austauschten, kam Jesus hinzu und ging mit ihnen. Doch sie waren wie mit Blindheit geschlagen, so daß sie ihn nicht erkannten. Er fragte sie: „Was sind das für Dinge über die ihr auf eurem Weg miteinander redet?" Da blieben sie traurig stehen und der eine von ihnen, er hieß Kleophas, antwortete ihm: „Bist du so fremd in Jerusalem, daß du als einziger nicht weißt, was in diesen Tagen dort geschehen ist?" Er fragte sie: „Was denn ?" Sie antworteten ihm: „Das mit Jesus aus Nazaret. Er war ein Prophet, mächtig in Wort und Tat vor Gott und dem ganzen Volk. Doch unsere Hohepriester und Führer haben ihn zum Tod verurteilen und ans Kreuz schlagen lassen. Wir aber hatten gehofft, daß er der sei, der Israel erlösen werde. Und dazu ist heute schon der dritte Tag, seitdem das alles geschehen ist. Aber nicht nur das: Auch einige Frauen aus unserem Kreis haben uns in große Aufregung versetzt. Sie waren in der Frühe beim Grab, fanden aber seinen Leichnam nicht. Als sie zurückkamen, erzählten sie, es seien ihnen Engel erschienen und hätten ihnen gesagt, er lebe. Einige von uns gingen dann zum Grab und fanden alles so, wie die Frauen gesagt hatten; ihn selbst aber sahen sie nicht." Da sagte er zu ihnen: „Begreift ihr denn nicht ? Wie schwer fällt es euch alles zu glauben, was die Propheten gesagt haben. Mußte nicht der Messias all das erleiden, um so in seine Herrlichkeit zu gelangen ?" Und er legte ihnen dar, ausgehend von Mose und allen Propheten, was in der gesamten Schrift über ihn geschrieben steht. So erreichten sie das Dorf, zu dem sie unterwegs waren. Jesus tat als wolle er weitergehen, aber sie drängten ihn und sagten: „Bleib doch bei uns; denn es wird bald Abend, der Tag hat sich schon geneigt." Da ging er mit hinein, um bei ihnen zu bleiben. Und als er mit ihnen bei Tisch war, nahm er das Brot, sprach den Lobpreis, brach das Brot und gab es ihnen. Da gingen ihnen die Augen auf, und sie erkannten ihn; dann sahen sie ihn nicht mehr. Und sie sagten zueinander: „Brannte uns nicht das Herz in der Brust, als er unterwegs mit uns redete und uns den Sinn der Schrift erschloß ?" Noch in derselben Stunde brachen sie auf und kehrten nach Jerusalem zurück und sie fanden die Elf und die anderen Jünger versammelt. Diese sagten: „Der Herr ist wirklich auferstanden und ist dem Simon erschienen." Da erzählten auch sie, was sie unterwegs erlebt und wie sie ihn erkannt hatten, als er das Brot brach. Thomas, genannt Didymus (Zwilling), einer der Zwölf, war nicht bei ihnen, als Jesus kam. Die anderen Jünger sagten zu ihm: „Wir haben den Herrn gesehen." Er entgegnete ihnen: „Wenn ich nicht die Male der Nägel an seinen Händen sehe und wenn ich meinen Finger nicht in die Male der Nägel und meine Hand nicht in seine Seite lege, glaube ich nicht. Acht Tage darauf waren seine Jünger wieder versammelt und Thomas war dabei. Die Türen waren verschlossen. Da kam Jesus, trat in ihre Mitte und sagte: „Friede sei mit euch!“ Dann sagte er zu Thomas: „Strecke deine Finger aus, hier sind meine Hände! Strecke' deine Hand aus und lege' sie in meine Seite und sei nicht ungläubig, sondern gläubig. Thomas antwortete ihm: „Mein Herr und mein Gott!“ Jesus sagte zu ihm: „Weil du mich gesehen hast, glaubst du. Selig sind die nicht sehen und doch glauben!“

Danach offenbarte sich Jesus den Jüngern noch einmal. Es war am See von Tiberias und er offenbarte sich in folgender Weise. Simon Petrus, Thomas, genannt Didymus, Natanael aus Kanaa in Galiläa, die Söhne des Zebedäus und zwei andere von seinen Jüngern waren zusammen. Simon Petrus sagte zu ihnen: „Ich gehe fischen.“ Sie sagten zu ihm: „Wir kommen auch mit.“ Sie gingen hinaus und stiegen in das Boot. Aber in dieser Nacht fingen sie nichts. Als es schon Morgen wurde, stand Jesus am Ufer. Doch die Jünger wußten nicht, daß es Jesus war. Jesus sagte zu ihnen: „Meine Kinder, habt ihr nicht etwas zu essen?“ Sie antworteten ihm: „Nein.“ Er aber sagte zu ihnen: „Werft das Netz auf der rechten Seite des Bootes aus und ihr werdet etwas fangen. Sie warfen das Netz aus und konnten es nicht wieder einholen, so voller Fische war es. Da sagte der Jünger, den Jesus liebte, zu Petrus: „Es ist der Herr!“ Als Simon Petrus hörte daß es der Herr sei, gürtete er sich das Obergewand um, weil er nackt war, und sprang in den See. Dann kamen die anderen Jünger mit dem Boot sie waren nämlich nicht weit vom Land entfernt, nur etwa zweihundert Ellen (90 – 100 m) und zogen das Netz mit den Fischen hinter sich her. Als sie an Land gingen, sahen sie am Boden ein Kohlenfeuer und darauf Fisch und Brot. Jesus sagte zu ihnen: „Bringt von den

Fischen, die ihr gerade gefangen habt." Da ging Simon Petrus und zog das Netz an Land. Es war mit hundertdreiundfünfzig großen Fischen gefüllt, und obwohl es so viele waren, zerriß das Netz nicht. Jesus sagte zu ihnen: „Kommt her und eßt!" Keiner von den Jüngern wagte ihn zu fragen: „Wer bist du?" Denn sie wußten, daß es der Herr war. Jesus trat heran, nahm das Brot und gab es ihnen, ebenso den Fisch. Dies war schon das dritte Mal, daß Jesus sich den Jüngern offenbarte, seit er von den Toten auferstanden war. Als sie gegessen hatten, sagte Jesus zu Simon Petrus: „Simon, Sohn des Johannes, liebst du mich mehr als diese?" Er antwortete ihm: „Ja, Herr, du weißt, daß ich dich liebe." Jesus sagte zu ihm: „Weide meine Lämmer!" Zum zweiten mal fragte er ihn: „Simon, Sohn des Johannes, liebst du mich?" Er antwortete ihm: „Ja, Herr, du weißt, daß ich dich liebe". Jesus sagte zu ihm: „Weide meine Schafe!" Zum drittenmal fragte er ihn: „Simon, Sohn des Johannes liebst du mich?" Da wurde Petrus traurig, weil Jesus ihn zum drittenmal gefragt hatte: Hast du mich lieb? Er gab ihm zur Antwort: „Herr, du weißt alles; du weißt, daß ich dich lieb habe." Jesus sagte zu ihm: „Weide meine Schafe! Amen, Amen, das sage ich dir: „Als du noch jung warst, hast du dich selbst gegürtet und konntest gehen, wohin du wolltest. Wenn du aber alt geworden bist wirst du deine Hände ausstrecken, und ein anderer wird dich gürten und dich führen, wohin du nicht willst." Das sagte Jesus um anzudeuten, durch welchen Tod er Gott verherrlichen würde. Nach diesen Worten sagte er zu ihm: „Folge mir nach." Petrus wandte sich um und sah, wie Johannes (der Jünger, den Jesus liebte) Jesus folgte. Es war der Jünger, der sich bei jenem Mahl an die Brust Jesu gelehnt und ihn gefragt hatte: Herr, wer ist es, der dich verraten wird? Als Petrus diesen Jünger sah, fragte er Jesus: „Herr, was wird denn mit ihm?" Jesus antwortete ihm: „Wenn ich will, daß er bis zu meinem Kommen bleibt, was geht das dich an? Du aber folge mir nach!" Da verbreitete sich unter den Brüdern die Meinung: Jener Jünger stirbt nicht. Doch Jesus hatte zu Petrus nicht gesagt: Er stirbt nicht, sondern: Wenn ich will, daß er bis zu meinem Kommen bleibt, was geht das dich an?

Dann führte er sie hinaus in die Nähe von Betanien. Dort erhob er seine Hände und segnete sie. Und während er sie segnete, wurde er vor ihren Augen emporgehoben und eine Wolke nahm ihn auf und entzog ihn ihren Blicken. Während sie unverwandt ihm nach zum Himmel emporschauten, standen plötzlich zwei Männer in weißen Gewändern bei ihnen und sagten: „Ihr Männer von Galiläa, was steht ihr da und schaut zum Himmel empor? Dieser Jesus, der von euch ging und in den Himmel aufgenommen wurde, wird ebenso wiederkommen, wie ihr ihn habt zum Himmel hingehen sehen." Dann kehrten sie vom Ölberg, der nur einen Sabbatweg (1 km) von Jerusalem entfernt ist, nach Jerusalem zurück. Als sie in die Stadt kamen, gingen sie in das Obergemach hinauf, wo sie nun ständig blieben: Petrus und Johannes, Jakobus und Andreas, Philippus und Thomas, Bartholomäus und Matthäus, Jakobus, der Sohn des Alphäus, und Simon, der Zelote, sowie Judas, der Sohn des Jakobus. Sie alle verharrten dort einmütig im Gebet, zusammen mit den Frauen und mit Maria, der Mutter Jesu, und mit seinen Brüdern.

*Darstellung des Tierkreises aus: A. Kircher, „Oedipus Aegylicus", 1652*

# Sternzeichen der Liebe

Liebe ist das tiefste Verlangen von Mann und Frau. Es ist nicht die Bedrohung durch Krankheit und Armut, die den menschlichen Geist zerstört, sondern die Angst, daß niemand ist, der sich wirklich um einen sorgt – niemand, der einen wirklich versteht.

Wir suchen alle nach Liebe, wie gesund, wohlhabend oder weise wir auch sein mögen, da die Alternative dazu nur Einsamkeit ist. Warum ist andauernde, gemeinsame Liebe so schwer faßbar? Um eine vollkommene und ständige Vereinigung mit dem Göttlichen (= Liebe) zu erreichen, müssen alle Lebewesen die Lektionen der 12 Sonnenzeichen lernen. Alle müssen das Schicksalsrad (= Horoskop, Karmisches Rad) durchlaufen, das aus 12 Ebenen (diese entsprechen den sechs vorderen und hinteren Chakren) besteht.

Wir müssen die Weisheiten der zwölf Geheimnisse der Liebe beherrschen, bevor wir eine vollkommene Harmonie erreichen. Jedes Sonnenzeichen (= Tierkreiszeichen der Astrologie) enthält eine Kraft, die sich in Schwäche kehren und eine Schwäche, die in Kraft umgewandelt werden kann.

## Die 12 Grunderfahrungen in der Liebe

Auf jeder der folgenden Erfahrungsstufen ist jeder Mensch in der Lage, anderen die erstgenannte Eigenschaft zu geben und zu lehren, während es ihn viel Mühe kostet, die an zweiter Stelle genannte Eigenschaft zu lernen. Die Seele muß diese ersten sechs Grunderfahrungen mehrmals durchlaufen (Reinkarnation = Wiedergeburt):

**Widder (das Neugeborene)** – „ich bin“ – lehren, daß Liebe Unschuld bedeutet, und lernen, daß Liebe Vertrauen ist. 21. März bis 20. April

**Stier (das Baby) –** „ich habe“ – lehren, daß Liebe Geduld bedeutet und lernen, daß Liebe Vergeben ist. 21. April bis 20. Mai

**Zwilling (das Kind)** – „ich denke“ – lehren, daß Liebe Bewußtsein bedeutet und lernen, daß Liebe Gefühl ist. 21. Mai bis 20. Juni

**Krebs (Kind in der Pubertät)** – ich fühle“ – lehren, daß Liebe Verehrung bedeutet und lernen, daß Liebe Freiheit ist. 21. Juni bis 20. Juli

**Löwe (der Teenager)** – „ich will“ – lehren, daß Liebe Ekstase bedeutet und lernen, daß Liebe Bescheidenheit ist. 21. Juli bis 21. August

**Jungfrau (der Erwachsene)** – „ich analysiere“ – lehren, daß Liebe Reinheit bedeutet und lernen, daß Liebe Erfüllung ist. 22. August bis 22. September

Hat der Mensch beim Durchlaufen dieser ersten sechs Entwicklungsstufen emotionale Reife erlangt, muß er mehrmals die zweiten sechs Grunderfahrungen machen, um die tiefere geistige Bedeutung der Liebe zu erkennen:

**Waage (Ehe)** – „ich gleiche aus“ – lehren, daß Liebe Schönheit ist und lernen, daß Liebe Harmonie ist. 23. September bis 22. Oktober

**Skorpion (Sex)** – „ich verlange“ lehren, daß Liebe Leidenschaft ist und lernen, daß Liebe Verzicht ist. 23. Oktober bis 22. November

**Schütze (Wissen, Treue)** – „ich sehe“ – lehren, daß Liebe Ehrlichkeit und lernen, daß Liebe Freiheit Treue ist. 23. November bis 20. Dezember

**Steinbock (Erfahrung)** – „ich benütze“ – lehren, daß Liebe Weisheit ist und lernen, daß Liebe selbstlos ist. 21. Dezember bis 19. Jänner

**Wassermann (Idealismus)** – „ich weiß“ – lehren, daß Liebe Toleranz ist und lernen, daß Liebe Einheit ist. 20. Jänner bis 18. Februar

**Fische (Unterweferung)** – „ich glaube“ – lehren, daß Liebe Mitgefühl ist und lernen, daß Liebe alles ist. 19. Februar bis 20. März

Um so schließlich zu verstehen: Liebe ist ewig.

Der erste Schritt zur Erkenntnis der elementarsten Bedeutung der Liebe ist zu lernen, die Sonnenzeichen-Eigenschaften bei anderen zu respektieren, tolerieren und nicht zu verurteilen. Es gibt jedoch Sonnenzeichen, die sich besser verstehen, und solche, die sich weniger harmonisch ergänzen.

*Quelle: Linda Goodman „Sternzeichen der Liebe“*

# Das Leben als Tor zu einer höheren Reinkarnation

Dieser Beitrag beschäftigt sich mit dem Leben und der Wandlung („Tod"), dem Jenseits und deren Bewohner, Karma und Reinkarnation. Im Mittelpunkt steht die Frage, wie man eine höhere Wiedergeburt erreichen, bzw. sein negatives Karma verringern kann.

Das spirituelle Zentrum **Solaris** möchte Menschen helfen den Weg zu Gott zu finden. Doch diese Aufgabe ist nicht einfach. Ohne Hilfe, ohne spirituelle Unterstützung von Menschen, die diesen Weg schon gegangen sind, ist es fast unmöglich. Menschen, die Vorbild und Wegweiser sind, lehren durch ihr Beispiel, durch ihr Leben, weniger durch Worte und große Reden. Ein Studium der heiligen Schriften und ein sich Vertiefen in spirituelle Gesetze ist ohne einen Menschen, der dies auch verkörpert, wertlos und schädlich. Die Gefahr, daß Menschen durch das Studium der Bücher nur Schriftgelehrte und Pharisäer werden, ist nämlich viel größer, als daß ein Mensch durch leblose Texte die Wahrheit erkennt oder Erleuchtung erfährt. Alle Bücher der Welt können die Wahrheit und Liebe Gottes nicht vermitteln, sondern nur Sehnsucht in den Menschen erwecken. Nur eine lebendige Verkörperung der Liebe Gottes kann diese Liebe durch ihr Beispiel und Vorbild auch anderen Menschen weitergeben.

Jeder Mensch möchte wissen was ihn nach seinem Tod erwartet. In früheren Zeiten wurde dieses Wissen verborgen, geheimgehalten, doch in unserem Zeitalter sollte der Schleier gelüftet werden. Das Leben ist ein Traum und nach der Wandlung, die im allgemeinen „Tod" genannt wird („nachher ist eh' alles aus"), lebt der Mensch weiter. Der Körper (alle Körper: Physis, Äther, Astral...!) zerfällt und jeder Teil des Menschen (Seelenqualität) kehrt dorthin zurück, woher er gekommen ist. Allein der Seelenfunke bleibt übrig, bleibt ewig gleich. Um aber die Schöpfung zu heben, um sie zu vergeistigen – diese Aufgabe ist die wahre und edelste Aufgabe des Menschen – müssen die verschiedenen Seelenqualitäten, die ein Mensch besitzt, geläutert werden.

Jede Qualität muß in die Ebene zurückkehren, aus der sie gekommen ist, bzw. in der sie nach der Läuterung zukünftig hingehört. Jeder Mensch ist im Prinzip nichts anderes als ein Sammelbecken verschiedenster Seelenqualitäten bzw. Persönlichkeiten. Im Diesseits ist alles in einer Wesenheit („Mensch“) vereinigt: „Zwei (oder mehr!) Seelen wohnen ach in meiner Brust“ sprach Goethes Faust. Im Jenseits wird diese Wesenheit wieder getrennt und jede Seelenpersönlichkeit kommt in die Ebene (Sphäre) in die sie hingehört („In meines Vaters Haus sind viele Wohnungen“). Diese esoterische Aussage mag viele Menschen erschrecken, doch sie ist wahr und zuverlässig.

Die Beschreibung des Jenseits ist nicht Gegenstand dieses Artikels, doch gibt es einige sehr schöne Bücher über die verschiedenen Sphären, in die der Mensch nach der Wandlung kommt. Außer der Reinheit, welche die Zugehörigkeit zu einer bestimmten Ebene oder Sphäre festlegt, sind auch die Taten, die Handlungen ausschlaggebend, wie hoch die Seelenpersönlichkeiten steigen, bzw. fallen können. Jeder hat in seiner Kindheit von Hölle, Fegefeuer und Himmel gehört. Diese Begriffe gibt es wirklich. Sie sind keine Erfindung sondern Tatsache. Auch wenn wir in unserer aufgeklärten und wissenschaftlichen Zeit solche Dinge als Märchen betrachten, sind sie Realität. Im Diesseits als Gefühlszustände jedem Menschen wohl bekannt („Ich fühle mich wie im 7. Himmel!“ - 7 Sphären!), werden sie im Jenseits (der Astralwelt) hautnah erlebt. Man wandelt über Wiesen und durch Dörfer, trifft auf andere Wesen und redet mit ihnen. Alle Gefühle und Erlebnisse sind intensiver und farbenfroher, je nachdem in welcher Sphäre man sich befindet. Hohe Sphären sind geprägt von Liebe und Zuneigung, Wärme und Licht. Tiefe Sphären sind im Gegensatz dazu erfüllt von Haß und Abneigung, Kälte und oft auch Dunkelheit, obwohl es Fürsten und Mächte der Höllenwelt gibt, die einen gleißenden und fahlen Schein von sich geben. Die Farben sind phosphoriszierend, aufdringlich und kalt.

Für die Zugehörigkeit der Seelenpersönlichkeiten zu einer bestimmten Ebene ist aber auch in besonderer Weise das Karma, das ein Mensch geschaffen hat, ausschlaggebend. Die Handlungen und Taten, die der Mensch im Diesseits schafft, sind Wurzel und Ursache für das Leben im Jenseits und für die nächste Inkarnation. Ist die Energie, welche die Seelenpersönlichkeiten im Jenseits gehalten haben, aufgebraucht, und ist der Wunsch sehr stark wieder auf Erden zurückzukehren, so wird dies auch geschehen. Der Seelenfunke wird von einem seelenverwandten Elternpaar angezogen und inkarniert sich wieder in der Menschenwelt. Er zieht seinerseits alle ihm zugehörigen Seelenqualitäten ebenfalls wieder an und wird damit wiedergeboren. Ein kleines Baby erblickt das Licht der Welt und bringt das Karma, das es in den vergangenen Leben gesammelt hat, wieder mit. Wir haben eine weitere Chance bekommen unsere Persönlichkeitsaspekte zu läutern und uns höherzuentwickeln. Die Gefahr, daß wir den verkehrten Weg einschlagen, ist jedoch immer da. Wir haben einen freien Willen uns für oder gegen die göttliche Liebe zu entscheiden.

Jeder Gedanke, jedes Gefühl und jede Handlung verursacht eine Wirkung („das Gesetz des Karma"). Gutes bewirkt gutes; Böses bewirkt böses. Auf jede Aktion folgt eine Reaktion, das ist nicht nur ein physikalisches, sondern auch ein spirituelles Gesetz. Doch erscheint die Welt oft so ungerecht und viele Menschen zweifeln an der Gerechtigkeit Gottes. Doch Gott hat ein Gesetz den Menschen gegeben: Das Gesetz des Karma! Und nur weil die Bestrafung oder Belohnung nicht im selben Leben erfolgt wie die Ursache wird mit dem Schicksal gehadert. Dabei ist es ganz einfach: Das Gesetz des Karma ist gültig und kein Jota kann daran geändert werden, die Bestrafung bzw. Belohnung erfolgt jedoch erst im nächsten oder übernächsten Leben. „Aug' um Aug', Zahn um Zahn" steht in der Bibel. Schon die Juden wußten um dieses Gesetz, das im Buch Mose auch als „Die 10 Gebote" bezeichnet wurde.

Erst im Neuen Testament kam die Vergebung und die Verzeihung, die Gnade überwindet das Gesetz des Karma. Wenn ein Mensch sich besinnt und Reue über seine Taten empfindet, dann kann er sein Karma beeinflussen, es abändern. Er muß nicht mehr alles ertragen, was er schlechtes gemacht hat, sondern sein Karma wird im Feuer der Kundalini verbrannt, durch den Hl. Geist Gottes wird dem Menschen Vergebung gewährt. Doch am Anfang steht die Umkehr. Die bewußte Entscheidung für Gott, für die Liebe, der Glaube, daß das Gute letzten Endes siegen wird über die Mächte des Bösen, ist Voraussetzung für diese Gnade, die durch Gott selbst, den höchsten Guru gewährt wird. Diese Gnade, die der Ausgießung des Hl. Geistes entspricht, ist dasselbe wie der Aufstieg der Kundalini, von der viele östliche Yogis und Heilige berichten. Gott selbst steigt hernieder bzw. steigt in der Wirbelsäule auf und der Mensch erfährt Samadhi, die Glückseligkeit erfüllt ihn und der Mensch weiß: Gott ist in mir. Gott ist so real, wie die Dinge, die man sieht, die man angreifen kann. Alles Karma, negatives aber auch positives Karma, wird abgelegt, verlischt und hört auf, das Leben dieses Menschen zu beeinflussen und zu bestimmen. Man wird frei von allen Zwängen und unterliegt nicht mehr dem ewigen Richter, der über das Schicksal des Menschen entscheidet. Wenn alles Karma verbrannt und ausgelöscht ist, ist man nicht mehr gezwungen auf Erden wiedergeboren zu werden. Tatsächlich besteht aber immer noch ein astrales Karma, das den Menschen im Jenseits und im Kreislauf der Schöpfung festhält. Eine endgültige Befreiung von allem Karma wird „Aufgehen im Nirvana“ genannt. Die Welle wird wieder zum Meer, jedoch ohne Verlust des Bewußtseins oder der persönlichen Identität. Man erinnert sich nun an alle Existenzen, an alle Inkarnationen, die man gelebt und erlebt hat. Man ist eine befreite Seele geworden (Jivan Mukta), eins mit dem Geist Gottes. Diese Seelen müssen nicht mehr auf Erden oder anderen Ebenen zurückkehren, doch wenn SIE dies tun, dann nur aus Barmherzigkeit und Mitleid mit den Geschöpfen, die noch in der Maya gefangen sind. SIE inkarnieren auf Erden als AVATARE, als Kinder Gottes, um den Menschen einen Weg zu zeigen dem Kreislauf von Wandlung und Wiedergeburt zu entkommen. Die Maya (Illusion, Täuschung) hält den Menschen in der irrigen Anschauung gefangen, daß das irdische Leben die wahre Realität ist. Es ist sehr schwer die Wahrheit zu erkennen: „Die Schöpfung ist ein Traum Gottes und wenn Gott erwacht, ist der Traum zu Ende“.

**Paramahansa Yogananda** ist so ein Avatar, der uns ein Versprechen in Form eines Gedichtes gegeben hat:

## Gottes Fährmann

*Viele Male will ich in meinem Boot den Strom der Wandlung überqueren und aus meinem himmlischen Heim an die Gestade irdischen Lebens zurückkehren um all' die wartenden, durstenden Seelen, die zurückgeblieben sind, in mein Boot zu laden und hinüberzuführen in die opalblau schimmernden Teiche der Freude, wo mein Vater das Wasser des Friedens verteilt, und den Durst aller Wünsche löscht.*

*Oh, wieder und wieder will ich kommen! Mit blutenden Füßen will ich die Millionen Klippen des Leids überqueren – wenn es sein muß trillionen Leben solange ich weiß, daß ein irrender Bruder zurückgeblieben.*

*Mich verlangt nach Dir, oh Herr, um Dich an alle zu verschenken! Nur deshalb befreie mich aus den Banden des irdischen Leibes, damit alle erkennen, wie sie sich selbst befreien können! Deine immerwährende Glückseligkeit begehre ich dann, wenn ich sie mit anderen teilen kann – um allen meinen Brüdern den Weg zu zeigen – den Weg zu Dir, zum immerwährenden Glück in Dir.*

*OM – Shanti – Shanti – OM*

# Die Bergpredigt

## Die Rede von der wahren Gerechtigkeit (Dharma)

Vorgeschichte: In diesen Tagen ging Jesus auf einen Berg um zu beten. Und er verbrachte die ganze Nacht im Gebet zu Gott. Als es Tag wurde rief er seine Jünger zu sich und wählte aus ihnen zwölf aus; sie nannte er auch Apostel (= Bote, Gesandter). Dann stieg er mit ihnen den Berg hinab. In der Ebene blieb er mit einer großen Schar seiner Jünger stehen, und viele Menschen strömten herbei. Sie alle wollten ihn hören und von ihren Krankheiten geheilt werden. Alle Leute versuchten ihn zu berühren; denn es ging eine Kraft von ihm aus, die alle heilte. Als Jesus die vielen Menschen sah, stieg er auf eine Anhöhe und seine Jünger traten zu ihm. Dann begann er zu reden und lehrte sie:

SELIG die trotz Armut in Gottes Liebe bleiben; denn ihnen gehört das Reich Gottes.
SELIG die Trauernden; denn sie werden getröstet werden.
SELIG die keine Gewalt anwenden; denn sie werden das Land erben. (Ahimsa= Gewaltlosigkeit, Gandhi).
SELIG die hungern und dürsten nach der Gerechtigkeit; denn sie werden satt werden.
SELIG die Barmherzigen; denn sie werden Erbarmen finden.
SELIG die ein reines Herz haben; denn sie werden Gott schauen.
SELIG die Frieden stiften; denn sie werden Söhne Gottes genannt werden.
SELIG die um der Gerechtigkeit willen verfolgt werden; denn ihnen gehört das Reich Gottes.
SELIG seid ihr, wenn ihr um meinetwillen beschimpft und verfolgt und auf alle mögliche Weise verleumdet werdet.

Freut euch und jubelt: Euer Lohn im Reich Gottes wird groß sein. Denn so wurden schon vor euch die Propheten verfolgt.
Aber WEH euch, die ihr reich seid; denn ihr habt keinen Trost mehr zu erwarten.
WEH euch, die ihr jetzt satt seid; denn ihr werdet hungern.
WEH euch, die ihr jetzt lacht; denn ihr werdet klagen und weinen.
WEH euch, wenn euch alle Menschen loben; denn ebenso haben es ihre Väter mit den falschen Propheten gemacht.

## Vom Ernst der Nachfolge:

Wer mein Jünger sein will der verleugne sich selbst, nehme sein Kreuz auf sich und folge mir nach. Denn wer sein Leben retten will, wird es verlieren; wer aber sein Leben um meinetwillen und um des Evangeliums (Frohe Botschaft (von Liebe, Güte, Vergebung, Barmherzigkeit) ) willen verliert, wird es retten. Darum kann keiner von euch mein Jünger sein. Wenn er nicht auf seinen ganzen Besitz verzichtet. (Gemeint ist die Gier. Anhaften) Ihr (die Apostel) seid das Salz der Erde. Wenn das Salz seinen Geschmack verliert, womit kann man es wieder salzig machen? Es taugt zu nichts mehr; es wird weggeworfen und von den Leuten zertreten. Ihr seid das Licht der Welt. Eine Stadt, die auf einem Berg liegt, kann nicht verborgen bleiben. Niemand zündet ein Licht an und stellt es in einen versteckten Winkel oder stülpt ein Gefäß darüber, sondern man stellt es auf einen Leuchter, damit alle, die eintreten, es leuchten sehen. Das (geistige) Auge gibt dem Körper Licht (Ajna-Stirnchakra). Wenn dein Auge gesund ist, dann wird auch dein ganzer Körper hell sein. Wenn es aber krank ist, dann wird dein Körper finster sein. Achtet also darauf. Daß in euch statt Licht nicht Finsternis ist. Wenn der ganze Körper von Licht erfüllt und nichts Finsteres in ihm ist, dann wird er so hell sein, wie wenn die

Lampe ihn mit ihrem Schein beleuchtet. So soll euer Licht vor den Menschen leuchten. Damit sie eure guten Werke sehen und euren Vater im Himmel preisen.

### Vom Gesetz und von den Propheten:

*Die „10 Gebote" des AT = das Zehnwort vom Sinai =*
*die 10 ewigen Wegweiser zur Glückseligkeit*

Denkt nicht, ich sei gekommen, um das Gesetz und die Propheten aufzuheben. Ich bin nicht gekommen um aufzuheben, sondern um zu erfüllen. Amen, das sage ich euch: Bis Himmel und Erde vergehen, wird auch nicht der kleinste Buchstabe des Gesetzes vergehen, bevor nicht alles geschehen ist. Wer auch nur eines der kleinsten Gebote aufhebt und die Menschen entsprechendes lehrt, der wird in Gottes Reich der Kleinste sein. Darum sage ich euch: Wenn eure Gerechtigkeit nicht weit größer ist, als die der Schriftgelehrten und der Pharisäer, werdet ihr nicht in das Reich Gottes kommen.

### Vom Töten und von der Versöhnung:

Ihr habt gehört, daß zu den Alten gesagt worden ist: „Du sollst nicht töten"; wer aber jemanden tötet, soll dem Gericht verfallen sein. Ich aber sage euch: Jeder, der seinem Bruder auch nur zürnt, soll dem Gericht verfallen sein. Wenn du deine Opfergabe zum Altar bringst und dir dabei einfällt, daß dein Bruder etwas gegen dich hat, geh und versöhne dich zuerst mit deinem Bruder, dann komm und opfere die Gaben. Schließ ohne Zögern Frieden mit deinem Gegner, solange du mit ihm noch auf dem Weg zum Gericht bist.

### Vom Ehebruch:

*Im AT Symbol für die Abkehr von der spirituellen Liebe*

Ihr habt gehört, daß gesagt worden ist: „Du sollst nicht die Ehe brechen". Ich aber sage euch: Wer eine Frau auch nur lüstern ansieht, hat in seinem Herzen schon Ehebruch mit ihr begangen. (Gier = besitzergreifende Liebe Anhaften, die Gier ist eine der drei Ursachen für die Wiedergeburt: HASS – GIER – UNWISSENHEIT (Liebe – Armut – Weisheit). Bereits der Gedanke schafft Karma!! )

### Vom Schwören:

Ihr habt gehört, daß gesagt worden ist: „Du sollst keinen Meineid schwören". Ich aber sage euch: Schwört überhaupt nicht. Euer ja sei ein ja, euer nein ein nein; alles andere stammt vom Bösen. (Satya = Wahrhaftigkeit, Ehrlichkeit)

### Von der Vergeltung:

Ihr habt gehört, daß gesagt worden ist: „Auge für Auge und Zahn für Zahn". Ich aber sage euch: Leistet dem, der euch etwas Böses antut, keinen Widerstand. (Man soll nicht gleiches mit gleichem vergelten; verzeihen und versöhnen sind die zentralen Botschaften der Bergpredigt). Ahimsa = Gewaltlosigkeit!

### Von der Liebe zu den Feinden:

Ihr habt gehört, daß gesagt worden ist: „Du sollst deinen Nächsten lieben und deinen Feind hassen". Ich aber sage euch: Liebt eure

Feinde und betet für die, die euch verfolgen, tut denen Gutes, die euch hassen, segnet die, die euch verfluchen; betet für die, die euch mißhandeln. Gib jedem, der dich bittet; und wenn dir jemand etwas wegnimmt, verlang es nicht zurück. Was ihr von anderen erwartet, das tut ebenso auch ihnen. Wenn ihr nur die liebt, die euch lieben, welchen Dank erwartet ihr dafür? Auch die Sünder lieben die, von denen sie geliebt werden. Und wenn ihr nur denen Gutes tut, die euch Gutes tun, welchen Dank erwartet ihr dafür? Und wenn ihr nur denen etwas leiht, von denen ihr es zurückzubekommen hofft, welchen Dank erwartet ihr dafür? Das tun auch die Sünder. Ihr aber sollt eure Feinde lieben und sollt Gutes tun und leihen, auch wo ihr nichts dafür erhoffen könnt. Dann wird euer Lohn groß sein, und ihr werdet Söhne des Höchsten sein; denn auch er ist gütig gegen die Undankbaren und Bösen. Seid barmherzig, wie es auch euer Vater ist!

**Vom Richten:**

Richtet nicht, dann werdet auch ihr nicht gerichtet werden. Verurteilt nicht, dann werdet auch ihr nicht verurteilt werden. Erlaßt einander die Schuld, dann wird auch euch die Schuld erlassen werden. Gebt, dann wird auch euch gegeben werden. In reichem, vollem, gehäuftem, überfließendem Maß wird man euch beschenken; denn nach dem Maß, mit dem ihr meßt und zuteilt, wird auch euch zugeteilt werden.

Er gebrauchte auch einen Vergleich und sagte: Kann ein Blinder einen Blinden führen? Werden nicht beide in eine Grube fallen? Der Jünger steht nicht über seinem Meister; jeder aber, der alles gelernt hat, wird wie sein Meister sein. Warum siehst du den Splitter im Auge deines Bruders, aber den Balken in deinem eigenen Auge bemerkst du nicht? Wie kannst du zu deinem Bruder sagen: „Bruder, laß mich den Splitter aus deinem Auge herausziehen!“, während du den Balken in deinem eigenen Auge nicht siehst? Du Heuchler! Zieh zuerst den Balken aus deinem Auge; dann kannst du versuchen den Splitter aus dem Auge deines Bruders herauszuziehen. (Wenn du die Welt verändern willst, dann fange bei dir selber an.)

### Vom Almosen:

Hütet euch, eure Gerechtigkeit vor den Menschen zur Schau zu stellen; denn sonst habt ihr keinen Lohn von eurem Vater im Himmel zu erwarten. Wenn du Almosen gibst, laß es also nicht vor dir herposaunen, wie es die Heuchler in den Synagogen und auf den Gassen tun, um von den Leuten gelobt zu werden. Amen, das sage ich euch: Sie haben ihren Lohn bereits erhalten. Wenn du Almosen gibst, soll deine linke Hand nicht wissen, was deine rechte tut. Dein Almosen soll verborgen bleiben, und dein Vater, der auch das Verborgene sieht, wird es dir vergelten.

### Vom Beten – das Vater unser:

Wenn ihr betet, macht es nicht wie die Heuchler. Sie stellen sich beim Gebet gerne in die Synagogen und an die Straßenecken, damit sie von den Leuten gesehen werden. Amen, das sage ich euch: Sie haben ihren Lohn bereits erhalten. Du aber geh in deine Kammer wenn du betest, und schließ die Tür zu; dann bete zu deinem Vater, der im Verborgenen ist. Dein Vater, der auch das Verborgene sieht, wird es dir vergelten. Wenn ihr betet, sollt ihr nicht plappern wie so viele, die meinen sie werden nur erhört, wenn sie viele Worte machen. Macht es nicht wie sie; denn euer Vater weiß, was ihr braucht, noch ehe ihr ihn bittet. So sollt ihr beten:

***„Unser Vater im Himmel, Dein Name werde geheiligt, dein Reich komme, dein Wille geschehe wie im Himmel, so auf Erden. Gib uns heute das Brot, das wir brauchen und erlaß uns unsere Schulden, wie auch wir sie unseren Schuldnern erlassen haben. Und führe uns nicht in Versuchung, sondern rette uns vor dem Bösen. Denn dein ist das Reich und die Kraft und die Herrlichkeit in Ewigkeit. Amen"***

Denn wenn ihr den Menschen ihre Verfehlungen vergebt, dann wird euer himmlischer Vater auch euch vergeben. (Die Macht der Liebe – Kundalini-Shakti – verbrennt alle Samskaras.) Wenn ihr aber den Menschen nicht vergebt, dann wird euch euer Vater eure Verfehlungen auch nicht vergeben. (Ohne Bhakta ist man dem Gesetz des Karma ausgeliefert und muß alle karmischen Schicksalsschläge auf sich nehmen.) Bittet, dann wird euch gegeben; suchet, dann werdet ihr finden; klopft an, dann wird euch geöffnet. Denn wer bittet, der empfängt, wer sucht, der findet; und wer anklopft, dem wird geöffnet. Oder ist unter euch ein Vater, der seinem Sohn eine Schlange gibt, wenn er um einen Fisch bittet, oder einen Skorpion, wenn er um ein Ei bittet? Wenn nun schon ihr, die ihr böse seid, euren Kindern gebt, was gut ist, wieviel mehr wird der Vater im Himmel den Heiligen Geist denen geben, die ihn darum bitten. (Hl. Geist = OM = Pranava Shabda; das goldene Licht, das die Schöpfung erfüllt und durchdringt – SAT TAT OM).

**VOM FASTEN:**

Wenn ihr fastet, macht kein finsteres Gesicht, wie die Heuchler. Sie geben sich ein trübseliges Aussehen, damit die Leute merken, daß sie fasten. Amen. Das sage ich euch: Sie haben ihren Lohn bereits erhalten. Du aber salbe dein Haar, wenn du fastest, und wasche dein Gesicht, damit die Leute nicht merken, daß du fastest, sondern nur dein Vater, der auch das Verborgene sieht, und dein Vater, der das Verborgene sieht, wird es dir vergelten.

**Von der Entweihung des Heiligen:**

Gebt das Heilige nicht den Hunden, und werft eure Perlen nicht den Schweinen vor, denn sie könnten sie mit ihren Füßen zertreten und sich umwenden und euch zerreißen.

**Die goldene Regel:**

Alles, was ihr also von anderen erwartet, das tut auch ihnen! Darin besteht das Gesetz und die Propheten! (Sprichwort: „Was du nicht willst, das man dir tut, das füg' auch keinem andern zu".)

**Von den 2 Wegen:**

Geht durch das enge Tor! Denn das Tor ist weit, das ins Verderben führt, und der Weg dahin ist breit, und viele gehen auf ihm. Aber das Tor, das zum Leben führt, ist eng, und der Weg dahin ist schmal, und nur wenige finden ihn.

(„Mein Weg ist sehr schwer; als ob man durch ein Dornengestrüpp geht; als ob man auf Messers Schneide balanciert; als ob man auf eine geladene Pistole zugeht; viele Heilige sind auf diesem Weg gescheitert" - *Babadschi*)

**Von den falschen Propheten:**

Hütet euch vor den falschen Propheten, sie kommen zu euch wie (harmlose) Schafe, in Wirklichkeit aber sind sie reißende Wölfe. An ihren Früchten werdet ihr sie erkennen. Erntet man etwa von Dornen Trauben oder von Disteln Feigen? Jeder gute Baum bringt gute Früchte hervor, ein schlechter aber schlechte. Ein guter Baum kann keine schlechten Früchte hervorbringen und ein schlechter Baum keine guten. Jeder Baum, der keine guten Früchte hervorbringt, wird umgehauen und ins Feuer geworfen. An ihren Früchten also werdet ihr sie erkennen. Nicht jeder, der zu mir sagt: Herr! Herr!, wird in das Himmelreich kommen, sondern nur, wer den Willen meines Vaters im Himmel erfüllt. Viele werden an jenem Tag zu mir sagen: Herr, Herr, sind wir nicht in deinem Namen als Propheten aufgetreten, und haben wir nicht mit deinem Namen Dämonen ausgetrieben und mit deinem Namen Wunder vollbracht? Dann werde ich ihnen antworten: Ich kenne euch nicht. Weg von mir, ihr Übertreter des Gesetzes!

**Von der falschen und der rechten Sorge:**

Sammelt euch nicht Schätze hier auf der Erde, wo Motte und Wurm sie zerstören und wo Diebe einbrechen und sie stehlen. Sondern sammelt euch Schätze im Himmel, wo weder Motte noch Wurm sie zerstören und keine Diebe einbrechen und sie stehlen. Denn wo euer Schatz ist, da ist auch euer Herz. Niemand kann zwei Herren dienen; er wird entweder den einen hassen und den anderen lieben, oder er wird zu dem einen halten und den anderen verachten. Ihr könnt nicht beiden dienen, Gott und dem Mammon. Deswegen sage ich euch: Sorgt euch nicht um euer Leben und darum, daß ihr etwas zu essen habt, noch um euren Leib und darum, daß ihr etwas anzuziehen habt. Ist nicht das Leben wichtiger als die Nahrung und der Leib wichtiger als die Kleidung? Seht euch die Vögel des Himmels an: Sie säen nicht, sie ernten nicht und sammeln keine Vorräte in Scheunen; euer himmlischer Vater ernährt sie. Seid ihr nicht viel mehr wert als sie? Wer von euch kann mit all seiner Sorge sein Leben auch nur um eine kleine Zeitspanne verlängern? Und was sorgt ihr euch um eure Kleidung? Lernt von den Lilien, die auf dem Feld wachsen: Sie arbeiten nicht und spinnen nicht. Doch ich sage euch: Selbst König Salomo war in all seiner Pracht nicht gekleidet wie eine von ihnen. Wenn aber Gott schon das Gras so prächtig kleidet, das heute auf dem Feld steht und morgen ins Feuer geworfen wird, wieviel mehr dann euch, ihr Kleingläubigen! Macht euch also keine Sorgen und fragt nicht: Was sollen wir essen? Was sollen wir trinken? Was sollen wir anziehen? Denn um all das geht es den Heiden. Euer himmlischer Vater weiß, daß ihr das alles braucht. Euch aber muß es zuerst um sein Reich und um seine Gerechtigkeit gehen; dann wird euch alles andere dazugegeben. Sorgt euch also nicht um morgen; denn der morgige Tag wird für sich selbst sorgen. Jeder Tag hat genug eigene Plage.

**Vom Haus auf dem Felsen:**

Wer diese meine Worte hört und danach handelt, ist wie ein kluger Mann, der sein Haus auf Fels baute. Als nun ein Wolkenbruch kam und die Wassermassen heranfluteten, als die Stürme tobten und an dem Haus rüttelten, da stürzte es nicht ein; denn es war auf Fels gebaut. Wer aber meine Worte hört und nicht danach handelt, ist wie ein unvernünftiger Mann, der sein Haus auf Sand baute. Als nun ein Wolkenbruch kam und die Wassermassen heranfluteten, als die Stürme tobten und an dem Haus rüttelten, da stürzte es ein und wurde völlig zerstört.

Als Jesus diese Rede beendet hatte, war die Menge sehr betroffen von seiner Lehre; denn er lehrte sie wie einer, der (göttliche) Vollmacht hat, und nicht wie ihre Schriftgelehrten.

# Die Zehn ewigen Wegweiser zur Glückseligkeit (*Ananda*)

In der letzten Ausgabe erschien eine Zusammenfassung der Bergpredigt. Die Seligpreisungen zeichnen das Bild eines gotterfüllten Menschen, ein Ideal, das wir alle anstreben sollen und auch erreichen können. Auch wenn es uns wie eine Utopie erscheinen mag, so kann jeder, der „guten Willens" ist, durch Einhaltung der „Zehn Gebote" diesen Zustand der Glückseligkeit erlangen. Naturkatastrophen und Kriege sind Ergebnisse unserer negativen Gedanken und bösen Handlungen. Diese Abwendung vom Göttlichen bewirkt Naturkatastrophen, Unglück und Elend! Umso wichtiger ist es für jeden einzelnen von uns, sittliche und ethische Gebote zu befolgen, um den dunklen Kräften entgegenzuwirken. Wahre Glückseligkeit erlangt nur der, der liebevoll und „mitmenschlich" denkt und handelt. Die „Zehn Gebote" helfen uns dabei.

Im AT (EX 20, 2-17) bringt Moses vom Berg Sinai den Juden die Regeln, die das Zusammenleben der Menschen untereinander (5-10) und die Beziehung zu ihrem Gott bestimmen sollen (1-4). „Das Zehnwort vom Sinai" soll hier in der Übersetzung der Bibel (Einheitsübersetzung-Herder) kurz aufgezählt werden.

1. Ich bin JAHWEH, dein Gott, der dich aus Ägypten geführt hat, aus dem Sklavenhaus, du sollst neben mir keine anderen Götter haben.
2. Du sollst Dir kein Gottesbild machen, ...
3. Du sollst den Namen des Herrn, Deines Gottes, nicht mißbrauchen, ...

4. Gedenke des Sabbats; halte ihn heilig, ...
5. Ehre Deinen Vater und Deine Mutter, damit Du lange lebest.
6. Du sollst nicht morden.
7. Du sollst nicht die Ehe brechen.
8. Du sollst nicht stehlen.
9. Du sollst nicht falsch gegen deinen Nächsten aussagen.
10. Du sollst nicht nach dem Haus Deines Nächsten verlangen.

Im NT (Christentum) wurden diese 10 Vorschriften übernommen und sind als die „Zehn Gebote Gottes" jedem Christen wohlbekannt. Eine tiefe christliche Interpretation der Zehn Gebote ist bei Dr. H. Madinger zu finden, der bereits sehr viele Büchlein zu diversen Themen veröffentlicht hat („Die Zehn Gebote Gottes"). Am 6. März 1938 hielt PARAMAHANSA YOGANANDA einen Vortrag in Encinitas, Kalifornien (USA), in der er die zeitlose Botschaft dieser „Zehn Wegweiser zum Glück", wie er sie nannte, aus yogischer Sicht deutete. Dieser Vortrag sollte allen Christ-Yogis ein neues Verständnis der Bibel und der „Zehn Gebote" ermöglichen.

1. **Du sollst an einen Gott glauben**
   Gottes-Erkenntnis soll das Ziel unseres Lebens sein. Gott sollte den ersten Platz in eurem Herzen einnehmen. Sobald der Mensch beginnt Bildnisse, Namen, Ruhm, alles, was geringer ist als Gott, anzubeten, bringt er sich ins Unglück. Die Liebe ist wichtiger als alle anderen Dinge dieser Welt. Sie allein ist ewig und unsterblich. (Auch wenn es oft anders erscheint!)

2. **Du sollst Dir kein Abbild Gottes machen**
   Das Anbeten von Symbolen hat mehr schlechte als gute Auswirkungen. Wer das Kreuz Christi anbetet und vergißt, was es bedeutet, betet ein „Bildnis" an, weil er dessen

Bedeutung aus den Augen verloren hat. Ein Bild kann nur dann helfen das verkörperte Ideal vor Augen zu führen, wenn der echte Gläubige sein Bewußtsein nicht auf dem Bild (Gegenstand) ruhen läßt, sondern sich mit tiefer Liebe und Aufmerksamkeit auf den Geist, den es versinnbildlicht, konzentriert (= Meditation). Gott ist unendlich. Wie könnte ein Bildnis IHN darstellen oder erfassen? Sucht die Liebe in Euch und nicht bei Anderen! Gott kann sich in jedem einzelnen offenbaren. Gottes Liebe scheint auf alle Menschen herab, aber nicht alle empfangen und reflektieren dieses Licht und diese Wärme. Um das zu können, müssen sie sich zuerst läutern, indem sie meditieren und die Gebote befolgen (YAMA und NIYAMA sind die ersten beiden Stufen des RAJA-Yoga).

3. **Du sollst den Namen Gottes nicht verunehren**
Wenn ihr betet, müßt ihr euch dessen, was ihr sagt, innerlich bewußt sein. Wer Gottes Namen ausspricht, ohne an ihn zu denken, oder nicht von Liebe erfüllt ist, mißbraucht den Namen Gottes. Wenn ihr betet, sollten Herz und Sinn ganz von Gottes Liebe erfüllt sein.

4. **Du sollst den Tag des Herrn heiligen**
Von den sieben Tagen der Woche widmen die meisten Menschen Gott nicht einmal einen einzigen Tag. Sonntag ist der Tag der Sonne – der Weisheit. Viele denken jedoch überhaupt nicht an Gott, obgleich dies der Weg der höchsten Weisheit ist. Die indischen Weisen (= Rishis) raten nicht nur dazu, einen einzigen Tag der Woche in Abgeschiedenheit zu verbringen, sondern behaupten, daß es nötig sei, viermal am Tag in die Stille zu gehen. Wer in dieser Stille den göttlichen Frieden (= Shanti) verspürt, „heiligt den Tag des Herrn".

Durch die Tore des Schweigens, strahlt das heilende Sonnenlicht der Weisheit und des Friedens auf euch herab.

5. **Du sollst Vater und Mutter ehren, auf daß du lange lebst..**

Der menschliche Vater und die menschliche Mutter sollten als Beauftragte Gottes geehrt werden. Die Mutter ist die Verkörperung der bedingungslosen göttlichen Liebe, der Vater verkörpert die Weisheit. Aus diesem Grund soll man seine Eltern ehren, denn wie man seine Eltern behandelt, so ist auch das Verhältnis zu Gott.

6. **Du sollst nicht töten**

Das Leben ist in allen Lebewesen das gleiche. Irgend jemandem das Recht zu leben abzustreiten bedeutet, die Realität jenes universellen Lebens zu leugnen, von dem auch wir ein Ausdruck sind. Aus spiritueller Sicht ist deshalb Mord gleichbedeutend mit Selbstmord. Der Sinn dieses Gebotes liegt darin, daß man nicht um des Tötens willen töten soll, denn dann wird man zu einem Mörder. Man darf anderen nicht in einem heftigen Anfall von Leidenschaft das Leben nehmen. Die Lust am Töten ist eine Leidenschaft, die Leiden schafft. Ahimsa – Die Gewaltlosigkeit die Gandhi predigte, hat auch Christus in der Bergpredigt erwähnt. „Jeder, der seinem Bruder auch nur zürnt, soll dem Gericht verfallen sein; ..." (Mat 5, 22). „SELIG die Frieden stiften; denn sie werden Söhne Gottes genannt werden." (Mat 5, 9) und „Wer zum Schwert greift wird durch das Schwert umkommen" – Karma-Gesetz!

7. **Du sollst nicht ehebrechen**

Der wahre Sinn der Geschlechtsbeziehungen sollte in der Zeugung von Kindern liegen, die Gott zum Bilde erschaffen sind. Wahllose Geschlechtsbeziehungen, die von Zügellosigkeit (Lüsternheit) erfüllt sind, zerstören jedes echte Gefühl und jede wahre Liebe. Den Geschlechtsgenuß als Endzweck zu betrachten ist „Ehebruch". Lust ist nur vorgetäuschte Liebe. Wollust führt den Menschen in eine Richtung, die der Erfüllung, die in wahrer Liebe liegt, entgegengesetzt ist. Wahre Liebe ist göttlich. Sie gibt sich selbst und ist nie egoistisch.

Der wollüstige Mensch verliert seine Kraft, indem er bei anderen sein eigenes Vergnügen sucht, obgleich er sich vorspiegelt, er gewinne auf diese Weise an Kraft. Er schneidet sich von der Seelenfreude ab, obgleich er selbst meint, er habe das Glück erreicht, nach dem er strebt. Letztlich schafft er nur Disharmonie in sich selbst und in anderen. Harmonie ist der Weg der Liebe, Disharmonie der Weg der Selbstbestätigung. Der wollüstige Mensch geht in die Irre, verliert seinen inneren Frieden. Er wird in zunehmendem Maße müde und nervös, und er altert vorzeitig – all dies, weil er die göttliche Liebe verleugnet hat, die Quelle wahren und dauerhaften Wohlseins.

8. **Du sollst nicht stehlen**

Das, was man anderen streitig macht, macht man auch sich selbst streitig, denn das Selbst anderer ist auch das eigene höhere Selbst. Der Dieb macht sich am Ende stets selber arm. Indem er egoistischem Begehren den Vorzug vor der Verwirklichung des eigenen universellen Selbst gibt, schneidet er sich von der einen wahren Quelle des Lebens und von allem Überfluß ab. Er schmälert seine eigene Identität, statt sie, wie er meint, zu erweitern.

Anderen etwas zu geben hingegen erweitert jene Identität. Das Stehlen beginnt im Geist, wenn ihr das begehrt, was andere haben. Man muß die Saat der Begierde im eigenen Geist vernichten. Der Weg dazu liegt in innerer Selbstlosigkeit („Geistige Armut" Mat 5, 3).

9. **Du sollst kein falsches Zeugnis ablegen ...**
   Der Mensch schneidet sich durch Verbreiten von Unwahrheiten von der Wirklichkeit ab, sowie auch von jener höheren Wahrheit, die „euch frei machen wird." (Joh 8, 32) Und von der Unterstützung, die das Universum großzügig und liebevoll all denen anbietet, die in Harmonie mit seinen Gesetzen leben. (Karma-Gesetz) Der Lügner zerstört die Grundlage all dessen, was er in dieser Welt zu erreichen versucht. Die einfachen Worte eines wahrhaftigen Menschen hingegen verpflichten das Universum. Es ist wichtig, jederzeit die Wahrheit zu sprechen. Wer lügt und Gerüchte verbreitet, schadet sich selbst und der Gemeinschaft, in der er lebt.

10. **Du sollst nicht begehren deines Nächsten Gut**
    Habsucht ist die Quelle aller Unzufriedenheit, allen Unglücks. Bescheidenheit ist eine Tugend, die euch glücklich macht. Sucht nach den seelischen Reichtümern in eurem Inneren. Was ihr seid, ist viel wunderbarer, als irgendetwas in dieser materiellen Welt. Begehrt nie, was andere Menschen besitzen, ihr habt an euch selbst genug, denn der größte aller Schätze – Gott – liegt in eurer eigenen Seele. (*Teile aus „So spricht Yogananda" - O.W. Barth*)

Nach diesen Worten von Parmahansa Yogananda bleibt uns eigentlich nicht mehr viel zu sagen oder zu ergänzen. Jeder von uns weiß wohl selbst am Besten, wie wichtig es in unserem konsumorientierten Leben und in unserer lieblosen Welt geworden ist, uns und unseren Kindern Wegweiser zu bieten, die ihnen helfen sich zu orientieren und die uns auch zeigen, welches die wahren Werte des Lebens sind. Sicher fällt es uns allen nicht leicht diese Gebote auch täglich zu befolgen, aber allein durch unser ständiges Bemühen können wir uns und damit auch die Welt bessern.

In dieser Verbundenheit wünschen wir allen Gottes Kraft und Liebe. Der Frieden und die Liebe möge in euch sein alle Tage eures Lebens.

*OM Shanti OM*

# Träume oder wache ich?

Was ist Traum, was Wirklichkeit, was Illusion, was Realität? Letztendlich ist alles Eins, die gesamte Schöpfung ist ein Traum Gottes (Maya) und wir als Kinder Gottes haben dieselbe Gabe wie er: Zu träumen! Wir träumen unser ganzes Leben mit all seinen Wünschen, Hoffnungen, aber auch, daß wir ein begrenztes, kleines Geschöpf sind, manchmal allein, verlassen und einsam. In Wirklichkeit sind wir alle ein Teil des Ganzen, verbunden mit unserem Ursprung, eine Welle im Ozean, ein Sandkorn in der Wüste, ein winzig kleiner Stern im unendlich großen Weltall, ein einziger Gedanke Gottes. Die meisten Menschen träumen nur innerhalb ihrer eigenen Psyche, sie können die Grenze ihrer eigenen Aura nicht überwinden, sie sind Gefangene ihrer eigenen Gedanken. (Ängste, Wünsche etc.).

C.G. Jung war der erste Psychologe, der in den Traumsymbolen mehr sah als nur sexuelle Bedürfnisse oder Phantasien. Seine Theorien über die Bewußtseinsstruktur kam schon sehr nahe an die „Wirklichkeit". Um sich selbst verstehen zu können ist es notwendig seine eigenen Träume zu deuten und sie auch ernst zu nehmen. Der erste Schritt besteht darin, seinen eigenen Schatten (das Unbewußte) kennenzulernen. Alles das, was man verdrängt und im „Keller" der Seele verborgen hat. Der zweite Schritt besteht darin den fehlenden Teil der eigenen Seele (Anima oder Animus, meist in Symbolen wie Prinz und Prinzessin) zu suchen, um als ganzheitlicher Mensch seinen fehlenden Teil zu erringen. Der dritte und wichtigste Schritt besteht aber darin, vom irdischen Selbst zum höheren Selbst zu gelangen. Denn wir sind nun mal nicht nur Körper, Gefühle, Gedanken, sondern wir sind vor allem berufen, unseren göttlichen Funken, den wir als Kinder Gottes in uns tragen, zu entfachen. Unser höheres Selbst zu erwecken! Doch haben wir das alles im Laufe der Äonen vergessen und wir identifizieren uns in erster Linie nur mit unserem sterblichen Körper. Wir träumen und erfahren tagtäglich, daß wir hier auf der Erde leben, aufwachsen, heiraten, Kinder bekommen, leiden und wieder sterben. Wem es aber gelingt aus diesem Lebenstraum zu erwachen und seine irdischen Fesseln abzustreifen, der wird ein Jivan Mukta (befreite Seele) genannt.

In unserem Streben unser „Gotteskind sein" zu verwirklichen, suchen wir Vorbilder, Ideale, die uns auf diesem Weg führen und begleiten sollen. Heilige Menschen und, als vollkommenste Offenbarung göttlicher Liebe, Jesus als Sohn Gottes, sind uns Wegbereiter und Hilfe. Viele Menschen glauben aber, wenn Sie Stimmen hören, oder ein von ihnen erwählter „Meister" zu ihnen spricht, daß sie schon Kontakt zum höheren Selbst erlangt haben. Sie wollen nicht wahrhaben, daß sie auch betrogen werden können, daß auch negative Geistwesen aus der Astralsphäre versuchen ihr Vertrauen zu gewinnen, indem sie von „höheren Wirklichkeiten" berichten. Manche Menschen, die mediale Fähigkeiten haben, können auf diese Art und Weise „umsessen" bzw. „besessen" werden. Ist die Aura einmal geöffnet können jenseitige Einflüsse ungehindert auf das Medium (Channel) einwirken. Hat so ein Mensch außerdem noch eine labile Psyche, ist ein Zurück in den normalen Alltag kaum mehr möglich. Er ist Kräften ausgeliefert, die er nicht mehr kontrollieren kann. (Die Geister, die er rief, wird er nicht mehr los.)

Menschen, die über die Grenze ihrer eigenen Aura hinausgelangen, sind fähig, die Träume anderer Wesen wahrzunehmen (Einblick in die Astralwelt). Sie gelangen auf eine Astralebene und nehmen bewußt die dort vorhandenen Landschaften und Wesen wahr. Diese astrale Landschaft wird von allen Wesenheiten, die auf dieser Ebene leben, geformt und verändert. Viele Wesen, die denselben Traum träumen, schaffen sich so ihre eigene Welt (= Umwelt). Nebenbei angemerkt, auch wenn wir alle gemeinsam an einem Traum arbeiten würden, z. B. an einer friedlicheren Welt, könnte dieser gemeinsame Wunsch durch die vereinte Kraft und den Willen auch Wirklichkeit werden.

Aber zurückkehrend zu oben begonnenen Gedanken. Wenn es einem Wesen gelingt aus diesem astralen Traum zu erwachen, so findet er sich auf der kausalen Ebene (Ideen-Ebene) wieder. Wenn diese letzte Hülle abgelegt wird, so ist die Seele frei und in Gott erwacht.

Der Weg der Meditation (Kriya-Yoga) führt zur Befreiung. Das Ziel ist SAT – CHIT – ANANDA (Sein – Bewußtheit – Glückseligkeit). Das Bewußtsein ist verdunkelt und muß durchlichtet werden. Dies ist nur möglich durch die Liebe (= göttliches Licht). Eine Läuterung der Hüllen ist absolut notwendig, um auf dem Weg der Meditation fortzuschreiten. Ein Traum kann dies verdeutlichen: „Paramahansa Yogananda spricht zu einem Schüler und erklärt ihm, daß er viele Menschen von ihren Anhänglichkeiten „freikauft", d.h. er übernimmt einen Teil des astralen Karma. Erst wenn jedes Gefühl von Anhänglichkeit verschwunden und man fest entschlossen ist nur noch Gott – den einzig wahren Freund – zu suchen, ist man bereit für die geistige Führung. Yogananda läßt die Jünger wachsen, bis sie reif geworden sind mit ihm gemeinsam den geistigen Weg zu gehen. Da sieht der Schüler im Traum die Vision, wie ein Jünger in ein Boot einsteigt, in dem auch Paramahansa Yogananda sitzt. Yogananda erklärt dann dem Jünger, daß er nur dann mit ihm mitkommen kann, wenn er sich innerlich bereits gereinigt und geläutert habe, ansonsten würden sie mit dem Boot kentern".

Paramahansa Yogananda führt jeden, der sich ernstlich nach Befreiung sehnt, in seinem Boot sicher über das Meer des Samsara (Kette der Wiedergeburten) ans andere Ufer.

Und so bleibt mir nur zu sagen, daß wir nie unsere Träume als Schäume verdrängen, verleugnen oder unterdrücken sollten, denn sie sind ein wichtiger Teil uns're Lebens, uns'res Daseins. Sie sind unsere Helfer nicht nur um uns selbst besser zu verstehen, sondern um auch unsere Hoffnungen Wirklichkeit werden zu lassen.

# Die Gefahren lauern am mystischen Weg!

Wir leben in einer Zeit, in der die negative Seite der Macht im Begriff ist, mehr Menschen als je zuvor in ihren Bann zu ziehen. Überall wo Gutes ist, da ist auch Böses, wo Licht ist, ist auch Schatten. Wir leben in der Dualität, in der das Göttliche (Liebe) und das Böse (Haß) auf uns einwirkt. Alle edlen Ziele der Weltreligionen können und werden auch von den negativen Kräften benutzt, um die Menschen zu verführen und zu enttäuschen. Das Böse ist für uns nicht immer klar erkennbar, es verbirgt sich und sagt nicht: „Hier bin ich!". Es schleicht sich ein und wartet auf seine Chance die Menschen in die Irre zu führen. Seine Macht ist groß und nur allzu leicht erliegt man seinem Blendwerk (Maya). Hier ist Unterscheidungskraft (Viveka) notwendig, die sich jedoch vom verstandesmäßigen, intellektuellen Erfassen unterscheidet, da sie nur durch Einfühlungsvermögen, aufrichtige Liebe, Verständnis für das göttliche Prinzip und durch das Gebet (Meditation) erwächst.

Wer ein spirituelles Leben führen will, wird in seinem Leben öfter in Versuchung geführt werden, diesen Weg wieder zu verlassen. So wie es im irdischen Leben Menschen gibt, die neiderfüllt auf die körperliche Schönheit eines anderen Menschen sehen, gibt es im jenseitigen Leben Wesenheiten, die es nicht ertragen können, daß es bessere und liebevollere Menschen gibt, als sie es sind. Ein edler Charakter zeigt sich in der Astralwelt (Jenseits) als harmonische, schöne Gestalt (Form, Farbe und Feinstofflichkeit, z.B. Aura mit leuchtenden, warmen Farben und niedriger Dichte). Den bösen, negativen Wesen (häßliche Gestalt, kalte Farben, sehr hohe Dichte

= Dämonen, Götter!) bereitet es ein „diabolisches" Vergnügen, Menschen, die zu Gott streben, zu Fall zu bringen. Je weiter ein Mensch auf dem spirituellen Pfad fortschreitet, desto größer und schwerer werden die Prüfungen, denen er begegnet.

Alles Leben in diesem Universum basiert auf dem Gegensatzpaar YIN und YANG, das als Überbegriff für alle Gegensatzpaare (Männlich-Weiblich, Positiv-Negativ, Gut-Böse, Rational-Emotional) steht. Wird ein Prinzip, z.B. das Gefühl (Emotion) vernachlässigt, wird das andere Prinzip, der Verstand (Ratio) dominieren. Bei Menschen, bei denen der Verstand vorherrscht, wird der fehlende Teil zur Ganzheit unterdrückt bzw. nicht beachtet. So ein Mensch ist ein leichtes Opfer der negativen Mächte und statt Glaube-Hoffnung-Liebe, die zu Gott führen, wird man durch Magie-Spiritismus-Okkultismus ein Anhänger des Satanismus, dessen Eigenschaft selbstzerstörerischer Haß ist. Für einen Verstandesmenschen ist es verführerisch in die Geheimnisse der jenseitigen Welt einzudringen, um diese rein intellektuell zu verarbeiten (wie er glaubt). Dies wird von negativen, übelwollenden Wesen gezielt und bewußt ausgenutzt, und bevor dieser Mensch noch weiß was geschehen ist, hat der „Teufel" nicht nur seinen Verstand, sondern vor allem seine Seele errungen (FAUST). Sie betören und verlocken die Menschen, die auf der Suche nach Gott sind, mit Magie, okkulten (magischen) Kräften und „Einweihung". Gerade diese okkulten Kräfte sind es, vor denen uns schon Patanjali in seinen Yoga-Sutras warnt. Im Vers 37 wird beschrieben, wie durch die Anwendung der Yoga-Übungen die übernatürlichen Kräfte entstehen. Doch bereits im nächsten Vers wird gesagt, daß diese Kräfte Hindernisse für die Erreichung von Samadhi (Unio Mystika) bedeuten. Man muß ihnen aber unterwegs begegnen, und nur wenn der Yogin sie dann zurückweist, erlangt er das Höchste.

Leider erscheinen immer mehr Bücher, die z.B. die Menschen belehren, wie man Kontakt mit sog. „Meistern“ aufnehmen kann. Was früher als mediale Kundgabe eines Geistwesens durch ein Medium bezeichnet wurde, wird heute „Channeling“ genannt. Die Überschattung durch solche Meister wird in vielen Kreisen bereits als natürliche Sache angesehen und sogar angestrebt. Doch wer kann hier noch unterscheiden zwischen Besessenheit und geistiger Führung, und garantieren, daß die Geister, „die er rief“ und die sich hier dann kundtun, wirklich lichte, gute Wesen sind, nur weil sie es behaupten?

Jede Einweihung ist eine Kraftübertragung, die der Meister (Guru) seinem Jünger (Chela) gewährt. Im Normalfall muß der Chela jedoch erst einen bestimmten Grad an Reife erlangt haben, um die damit verbundenen Kräfte auch beherrschen zu können, d.h. nicht in Hochmut oder Egoismus verfällt und diese Kräfte eigensüchtig für sich ausnutzt. Wenn Kräfte übertragen werden, werden auch die positiven und negativen Schwingungen des „Meisters“ weitergegeben. Darum ist es auch von ganz entscheidender Bedeutung, daß man sich nicht jedem beliebigen Meister anvertrauen sollte. Auch wird viel mit Pendeln gearbeitet, um Situationen, Personen und Dinge auszupendeln. Da ein Pendler letztlich jedoch nur sein „Unterbewußtsein“ befragt, und daher auch keine höheren Ebenen mittels eines Pendels erreicht, ist diese Vorgangsweise schon aus dieser Sicht heraus fragwürdig. Wenn noch dazukommt, daß durch derartige Experimente der Astralkörper nicht mehr ein geschlossenes „Ei“ ist und „Löcher“ entstehen, die unter Umständen nicht mehr geschlossen werden können, dann wird die Sache zu dem noch gefährlich. Durch diese Löcher können dann negative Kräfte in den Menschen ungehindert eintreten und ihm extrem schaden. Bei labilen Charakteren oder geringer Widerstandskraft, können Beeinflussungen durch Wesen der Astralebene eine

Geisteskrankheit (Schizophrenie) zur Folge haben, die sich in „Stimmen hören" Besessenheit äußert. Doch gerade diese okkulten Kräfte sind die Lockmittel, mit denen die negativen Mächte die Menschen in ihren Bann ziehen.

Einem zukünftigen Adepten (Zauberlehrling) wird Macht (Kraft) gegeben Dinge zu vollbringen, die als übernatürlich gelten. So ein „Magier" muß jedoch einen hohen Preis für diese Macht bezahlen. Er gerät unter den Einfluß und Kontrolle negativer Wesenheiten und öffnet sich den negativen Mächten. Der Okkultismus (verborgene Wissenschaft) vermittelt die Lehre von den Astralwelten und deren Gesetzmäßigkeiten, Reinkarnation, Chakras, Prana, u.v.a.m. (Eine bedeutende Vertreterin dieser okkulten Richtung ist die Theosophie, die bereits im vorigen Jahrhundert existiert hat.)

Menschen, die keine Harmonie in sich tragen, werden durch die Beschäftigung mit der Theosophie zwar intellektuell wissender, aber nicht weiser, da ihnen die Ergänzung (das Gefühl) fehlt. Damit sollte klar erkennbar geworden sein, daß das eine ohne das andere immer eine Sackgasse bedeutet, einen Irrweg darstellt. Wir müssen beide Aspekte: YIN und YANG in Harmonie (Gleichgewicht) bringen und wer das anstrebt, und sich bemüht, sich in seinem Leben zu verwirklichen, ist ein Yogin. Wer es geschafft hat ist ein Mystiker, Erleuchteter, ein Heiliger, der uns Vorbild und Wegweiser ist.

**Magie:** Ist die zusammenfassende Bezeichnung für Praktiken, mit denen der Mensch seinen eigenen Willen auf die Umwelt in einer Weise übertragen will, die nach naturwissenschaftlicher Betrachtungsweise irrational erscheint. Man unterscheidet weiße (ohne schädigende Intention) und schwarze (mit schädigender Intention) Magie.

**Mystik:** (gr. myein = schließen, verschweigen) Ist primär eine andere, nicht rational begründbare Weise von Erfahrung, die die Subjekt-Objekt-Spaltung übersteigt. In der Religionsgeschichte ist Mystik ein geheimnisvolles, tief innerliches, religiöses Erleben, ein Fühlen-Erkennen des Göttlichen in der Welt. Das Ziel dieser Art von Erfahrung, die als mystische Erfahrung bezeichnet wird, ist die tief innerliche Einswerdung mit Gott bzw. mit dem Ewig-Seienden (= unio mystica). Je nach existentialen Verständnishintergrund sind mystische Erfahrungen verschieden. Daher unterscheidet man je nach religionsgeschichtlichem Hintergrund verschiedene Ausprägungen von Mystik. Die vier wesentlichen Mystiken sind die indische (buddhistisch – hinduistische), die islamische (sufistische), die jüdische und die christliche (inkl. deutsche) Mystik.

**Indische Mystik**: Ist in Anlehnung an die Upanishaden, eine All-Einheitslehre. Der Mystiker soll in einem Erkenntnisakt die Wesensgleichheit seiner Seele (= seines Selbst – atman) mit der einzigen Realität dem Absoluten, dem Ewig-Seienden (brahman), offenbart bekommen. Wer diese mystische Erkenntnis erlangt hat, sammelt kein Karma mehr und ist somit erlöst aus dem Geburtenkreislauf. Im Buddhismus ist das Ziel der Mystik das Erreichen des Nirvana (= Verwehen), die Überwindung aller Faktoren, die die Last des Daseins bedingen. Im Hinduismus ist das Ziel die Überwindung des Kreislaufes der Wiedergeburten innerhalb des indischen Kastenwesens, und unter Verehrung der dominierenden Gottheiten Schiva und Vishnu durch Askese, Yoga, Bhakti (= Hingabe) und magische Praktiken. Berühmte Mystiker: Uddalaku Aruni, Paramahansa Yogananda (1893-1952), Mahatma Gandhi (1869-1948).

**Islamische Mystik:** Verfolgt das Ziel des Verschwindens der eigenen Individualität und der ekstatischen Vereinigung mit der

Gottheit. Dies geschieht vor allem durch Askese. Die Bezeichnung „Sufismus" kommt von dem groben Wollstoff (= arab. „suf"), den arabische Mystiker trugen. Berühmte Mystiker: Rumi (gestorben 1273), Ibn al-Arabi (gestorben 1240), al Ghazzali.

**Jüdische Mystik**: Steht im Zusammenhang mit der Thora, den fünf Büchern Mose, und lehrt vor allem das Erleben von Gott als thronenden König. Sie spiegelt sich vor allem wieder in den Büchern der Kabbala, und wurde durch den osteuropäischen Chassidismus weiterverbreitet. Berühmtester Vertreter: Rabbi Israel ben Elieser, der Baal-Schem-Tov (1699-1760).

**Christliche Mystik:** Hat als Ziel die unio (= Einung) mit Christus, dem fleischgewordenen Sohn Gottes, nicht mit Gott-Vater. Sie versteht sich als das Bewußtwerden der Erfahrung der ungeschaffenen Gnade als Offenbarung und Selbstmitteilung Gottes. Es gibt vor allem zwei Hauptrichtungen innerhalb der christlichen Mystik: Die Brautmystik (= Erlebnis der Beziehung der Seele zu ihrem Bräutigam Christus) und die Leidens- oder Passionsmystik (= Vertiefen in Leid und Kreuzestod Christi). Da sich ein Teil christlicher Mystiker im deutschen Sprachraum im Mittelalter auch um die Verbreitung der deutschen Sprache bemüht hat, werden diese Mystiker als „deutsche Mystiker" bezeichnet. Als bedeutende Mystiker seien Hildegard von Bingen, Meister Eckhart, Theresa von Avila, Johannes von Kreuz und Franz von Assisi kurz vorgestellt.

Als wichtige Mystiker der Gegenwart würde ich Frere Roger Schutz, Mutter Teresa und Schwester Emanuelle bezeichnen.

Hildegard von Bingen (1098-1179): Deutsche Mystikerin, Benediktinerin, Visionen bereits als Kind, wirkte als Prophetin und Geschichtstheologin, und hatte die Gabe natürlich zu heilen. Sie begriff Gott als den Schöpfer des Wortes (= Christus) und durch Ihn als Schöpfer der Welt. Sie lehrte, daß der Mensch nur Anteil an Gott gewinnen kann durch das Mensch gewordene Wort Jesus Christus. Er ist der Sieger des Kampfes mit dem Bösen (= Teufel).

Meister Eckhart (1260-1327 od. 28): Deutscher Mystiker, Dominikaner, wurde von Gelehrten eines gewissen Pantheismus beschuldigt, und mußte vor seinem Tod vor dem Papst einige seiner Thesen widerrufen. Er lehrte vor allem das Freiwerden von allen Dingen und von dem Ego, und die Gottesgeburt in der Seele des Menschen. Für ihn ist es das Ziel der Mystik, daß der Mensch wieder Abbild des göttlichen Urbildes wird und so ein verändertes Verhältnis zur Welt bekommt.

Theresa von Avila (1515-1582): Span. Ordensfrau zur Zeit der Gegenreformation, begründete den weiblichen Zweig der unbeschuhten Karmeliter, lebte in Askese und ständigem Gebet. In tief innerlichen Gebetszuständen erfuhr sie die mystische Vereinigung mit Gott. Sie lehrte, daß der Zweck des Gebetes und der geistigen Verschmelzung mit Christus Taten des Glaubens sein sollen. Für uns soll sie Lehrerin des inneren Gebetes sein.

Johannes von Kreuz (1542-1591): Span. Karmeliter, reformierte den männlichen Zweig des Karmeliterordens, große Verbindung zu Theresa von Avila, war 1 1/2 Jahre wegen Widersetzung gegen Ordensobere im Gefängnis, lebte in strenger Askese. Er lehrt zur Überwindung von Sünde und Zweifel den Verzicht auf soziale Bindungen und auf geistige Regungen, und daß die Seele durch wesenhafte Liebe vergöttlicht wird.

Franz von Assisi (1182-1226): Sohn eines reichen Tuchhändlers, Büßer und Wanderprediger, Gründer des Franziskanerordens, tief innerliche Verbundenheit mit Klara von Assisi, erhielt 1224 durch seine intensive Leidensmystik die Wundmale Christi, und schrieb als Todkranker den berühmten Sonnengesang. Er lehrte vor allem die Demut als Mut zum Dienen, und die Armut als Verzicht auf irdisches Wohlergehen, da der Mensch nur so ewige Schätze gewinnen kann.

Abschließend möchte ich Sie einladen selber mystische Erfahrungen zu machen. Denn ich glaube, daß jeder von uns durch Stillwerden, Meditation und Gebet die Nähe Gottes erfahren kann.

# Glaube, Liebe, Hoffnung

Der letzte Satz im Hohen Lied der Liebe lautet:

Der Sinn unseres Lebens besteht darin lieben zu lernen. So ein

***„Es bleiben Glaube, Hoffnung, Liebe, diese drei, am größten aber ist die Liebe."***

Leben ist geprägt vom Glauben und der Hoffnung an die göttliche Liebe. Der Glaube an die Liebe läßt uns in keiner Lebenslage ohne Hoffnung sein; nicht bei wichtigen Entscheidungen und bei verschiedenen Vorhaben, nicht bei Unglücksfällen und Enttäuschungen, nicht in Verfehlungen und Einsamkeit, nicht in Krankheit und Tod. Das göttliche Selbst wirkt schon jetzt in unserem Leben, es lenkt und leitet es. Deshalb soll man sich durch niemanden die Freude rauben lassen, die in der Hoffnung gründet. In dieser Hoffnung muß man wachsen: Durch Geduld mit sich selbst und den Mitmenschen, durch Wachsamkeit, Treue und Ertragen von Schwierigkeiten. Die Hoffnung gibt aber auch Mut sich für die Überwindung schlechter Lebensbedingungen und Zustände auch dann einzusetzen, wenn es aussichtslos scheint.

Glaube und Hoffnung an die Liebe sind unser Ja zum Leben. Sie befähigen und ermutigen uns, das eigene Leben und das Leben in Gemeinschaft sinnvoll zu gestalten und an der Evolution der Menschheit und an der Entwicklung einer menschenwürdigen Umwelt mitzuwirken.

*Die vier Evangelisten (Darstellung in der Kirche St. Maria in Rom)*

# Die frohe Botschaft des neuen Testaments

## Das Evangelium von der Liebe Gottes

Die frohe Botschaft, die wir durch Jesus Christus bekommen haben, verkündet die Liebe Gottes zu uns Menschen. Begonnen hatte alles vor ca. 2000 Jahren in Betlehem, als sich diese Liebe in Form des Jesuskindes unter uns Menschen inkarnierte. Ein Prophet kündigte die Geburt Jesu mit folgenden Worten an:

„Durch die barmherzige Liebe unseres Gottes wird uns besuchen das aufstrahlende Licht aus der Höhe um allen zu leuchten, die in Finsternis sitzen und im Schatten des Todes, und unsere Schritte zu lenken auf den Weg des Friedens."

Jesus Christus ist das großartige Thema des NT, unsere Errettung ihr Plan und die Verherrlichung Gottes ihr Ziel. Gottes Wort soll unser Denken erfüllen, uns leiten und unsere Schritte lenken. Lies im NT aufmerksam, regelmäßig und bete! Man findet darin den Weg zu Gott. Der Verantwortung gegenüber den Aussagen Jesu Christi kann sich keiner entziehen.

Das neue Testament ist eine Fundgrube für wichtige Themen, die uns im Innersten berühren und uns Trost spenden können. Doch es ist nicht einfach, die richtigen Stellen im richtigen Moment zu finden. In diesem Artikel sind die wichtigsten Stellen des NT erwähnt. Die göttliche Grundlage des Evangeliums ist die Bergpredigt, die bei Matthäus 5-7 und Lukas 6, 20-49 nachgelesen werden kann.

**Weitere wichtige Themen:**

Die goldene Regel Mt 7, 12 Das größte Gebot Mt 22, 36-40
Das Gebot Christi Joh 13, 34-35 Die Liebe Gottes Joh 3, 16
Die Schuld des Menschen 1 Joh 1, 8 Die Umkehr und Buße Luk 5, 31-32 und 15, 10-24 Die neue Geburt Joh 3, 1-7
Die Gewißheit ewigen Lebens Joh 5, 24 und 1. Joh 5, 12-13
Jesus, der gute Hirte Joh 10, 1-18 Geburt Jesu Luk 2
Nachfolge Jesu Mt 8, 18-22 Auferstehung Mt 28, 1-10, Mark 16, 1-18, Luk 24, 1-49, Joh 20, 1-25 Himmelfahrt Apg 1, 3-13

**Praktische Regeln:**

Das Leben eines Christen Joh 15 Das rechte Beten Mt 6, 5-15

**Hilfe in der Not:**

Der Weg zum ewigen Leben Joh 3, 3 u.3, 16 1. Joh 5, 9-13 Frieden in Zeiten der Unruhe Psalm 4 Joh 14, 27-31 Mut bei Furcht Psalm 46 Joh 16, 33 Hilfe in Leiden Psalm 41 Psalm 91 Leitung bei Entscheidung Psalm 55, 23 Trost in Trübsal Psalm 23 Mt 11, 28-30

Ruhe in Schwierigkeiten Psalm 43 Psalm 50, 15 Kraft bei Anfechtungen Psalm 1 Lob Gottes in Dankbarkeit Psalm 100 Freude über Sündenvergebung Psalm 32, 1-8 Psalm 103 1. Joh 1, 7-10

Die vier verschiedenen Evangelien Matthäus, Markus, Lukas und Johannes sind für viele Menschen auch ein Grund an der frohen Botschaft zu zweifeln, da sie der Meinung sind, daß es doch nur ein Evangelium geben kann. Wieso dann vier! Doch in Gottes Haus gibt es viele Wohnungen und jeder Menschen ist eben anders.

Daher wird jeder Mensch auch ein anderes Evangelium bevorzugen. Am schönsten ist jedoch meiner Meinung nach das Lukas-Evangelium, und dessen Fortsetzung, die Apostelgeschichte. Für Menschen, die zum ersten Mal im NT das Leben und Wirken Jesu Christi nachlesen wollen, ist wohl das Markus-Evangelium zu empfehlen. Johannes ist besonders geeignet für Ordensleute und Geistliche, während Matthäus von jedem gelesen werden kann.

Wer noch mehr über Leben und Leiden von Jesus Christus erfahren möchte und esoterischen Berichten Glauben schenkt, dem kann man die Bücher von M. Valtorta „Der Gottmensch" Bd. I bis Bd. XII empfehlen. Eine Visionärin sah das gesamte Leben Jesu wie in einem Film und schrieb das, was sie gesehen hatte in ihrem eigenen Stil nieder. Diese Art und Weise der Vermittlung unterscheidet sich in großem Maße von den heute üblichen Channeling-Berichten, in der ein „Meister" einem Medium seine Botschaften regelrecht diktiert. Diesen Berichten von höheren Wahrheiten kann letzten Endes nur eine Warnung auf dem Weg mitgegeben werden: „Hütet euch vor falschen Propheten ...!" und ein Rat von Herzen: „Kehret um und glaubt an das Evangelium!". Doch wie kann man diese göttlichen Wahrheiten in seinem persönlichen Leben verwirklichen? Was kann man tun um so zu werden wie es im NT geschrieben steht? Sowohl im Christentum als auch in anderen Religionen gibt es Begriffe wie: „Gewissenserforschung, Umkehr, Reue, Achtsamkeit, Bewußtheit, Gebet, Meditation, Liebe, Frieden, Glückseligkeit, Heiligkeit, Vollkommenheit, Einheit mit Gott und dem Universum.

Dies und noch viel mehr wünschen wir Ihnen von ganzem Herzen. Mögen alle Wesen glücklich sein.

*„Es kostet viel, ein Christ zu sein!"*

# Die Stimme Gottes ruft uns jeden Tag aufs Neue

Vögel sind Symbol für das Göttliche, sie können singen und fliegen, wie die Engel des Himmels. Ihr Element ist die Luft, die symbolisch für höhere Sphären steht, abgehoben von irdischen Sorgen und Ängsten sind sie Gott näher als wir Menschen, die an die Erde gefesselt sind. Der Traum vom Fliegen (Ikarus) ist seit Anbeginn der Schöpfung die größte Sehnsucht des Menschen, doch auch die Angst vor dem Fliegen ist vorhanden. Die Angst zu fallen, ohne aufgefangen zu werden von der rettenden Hand Gottes, ist die Ursache dieser Angst. Der Mensch ist ein Geschöpf Gottes, doch hat er die Verbindung mit seinem Schöpfer verloren. Drei Hauptursachen sind für diese Trennung vom göttlichen Ursprung vorhanden: Haß, Gier und Unwissenheit. Diese unheilige Dreiheit muß gewandelt werden in eine heilige Dreiheit von Liebe, Armut und Weisheit.

Maria, die Mutter Gottes, die schon oft auf Erden Kindern (!!) erschienen ist, hat in Medjugorje eine Botschaft verkündet. Diese Botschaft ist an alle Menschen gerichtet, egal welcher Rasse, Nation oder Religion, und sie beinhaltet Frieden, der durch Gebet und Fasten erreicht wird. Gebet führt zur Liebe, Fasten zur Armut (frei von Gier oder Leidenschaft). Liebe und Armut münden in Weisheit und Freiheit. Um Gott in der Schöpfung erfahren zu können, bedarf es einer inneren Ausrichtung, einer spirituellen Gesinnung, einer Umkehr, die alle Welt-Religionen predigen. Religion (lat.) bedeutet zum Ursprung zurückkehren. Das Alpha und Omega, der Anfang und das Ende allen menschlichen Strebens ist sein SchöpferIn, seine Eltern, die ihn geschaffen hat.

Wir müssen uns an Gott anhängen, an SIE/IHN denken und fühlen, unser Wesen auf SIE/IHN konzentrieren. Wir müssen uns an dieses Sein anklammern, da es uns Befreiung und Erlösung bringt. Nicht die Welt und ihre Genüsse sind das Ziel unseres menschlichen Daseins, sondern Gott ist unser Ziel, unser Weg jetzt und in alle Ewigkeit. Der Weg ist so wie Maria sagt: Gebet, Fasten, etc. Im Osten wird dieser Weg Yoga genannt. Der Raja-Yoga, der 8-stufige Pfad, dessen 7. Stufe Dhyana oder Meditation genannt wird, ist die östliche Entsprechung der im Westen praktizierten Kontemplation. In den westlich, christlichen Zivilisationen ist das Herzensgebet oder Dharana (entspricht der 6. Stufe des Raja Yoga), der aktive Teil, um mit Gott Verbindung aufzunehmen; die Kontemplation (Dhyana) der passive Teil. Im Gebet rede ich, rufe ich zu Gott. In der Kontemplation öffne ich mich und höre die Antwort, die meinem Rufen folgt. In der Meditation erfährt man Gott in der Schöpfung, erlebt man die Nähe Gottes, die Schönheit, Liebe und Gnade, die uns Menschenkindern zu Kindern Gottes macht.

Auch Maria spricht zu uns wie eine Mutter zu ihren Kindern. Eine der vielen Botschaften vom 25. Juni 1994 lautet:

***„Liebe Kinder!***
***Heute rufe ich euch auf euch zu entscheiden, dem Gebet in Geduld Zeit zu widmen. Meine lieben Kinder, ihr könnt nicht sagen, daß ihr mir gehört und daß ihr durch meine Botschaften Bekehrung erlebt habt, wenn ihr nicht bereit seid, jeden Tag Gott Zeit zu widmen. Ich bin euch nahe und ich segne euch alle. Meine lieben Kinder, vergeßt nicht, wenn ihr nicht betet, seid ihr weder mir, noch dem Heiligen Geist nahe, der euch auf dem Weg der Heiligkeit führt. Danke, daß ihr meinem Ruf gefolgt seid!“***

Verstand und Gefühl sind das Yin und Yang, so wie Sonne und Mond, zwei Seiten eines Blattes, wie Kopf und Herz, Mann und Frau. Beides ist wichtig, beides ist notwendig, nur die Synthese der Gegensätze schafft Frieden, Einheit und Freude. Wird nur ein einziger Teil betont, liegt das Schwergewicht auf einer Seite, so sind Fehlentwicklungen die Folge. Im religiösen Bereich führt die einseitige Ausrichtung zur Bildung von Irrlehren und Sekten. (Beispiel einer einseitigen Ausrichtung, in dem der Verstand dominiert, sind die „Zeugen Jehovas", die sich nur auf ihren Verstand verlassen und das Bibel-Studium in den Vordergrund stellen. Die „Hare Krishna"-Sekte wiederum betet den ganzen Tag, indem sie den Namen Krishnas wiederholen und sich darauf verlassen, daß sie dadurch errettet werden. )

Dies ist das Ergebnis der Dominanz des Gefühles. Im weltlichen Bereich hat diese Einseitigkeit im Verstandesbereich zur Förderung und zur Bildung der Wissenschaften beigetragen, im Gefühlsbereich zur Bildung von sogenannten New-Age-Gruppierungen. „Esoteriker", die aber weit davon entfernt sind, wirkliche „Eingeweihte" zu sein und eher dem Aberglauben und a-religiösen Lehren zugeneigt sind.

Zum Abschluß möchte ich noch eine Botschaft zitieren, die schon 1893 von einem östlichen Vertreter der Hindu-Religion formuliert wurde (Swami Vivekananda). Diese Botschaft ist zeitlos und an alle gerichtet: „Ihr seid die Kinder Gottes, Teilhaber der unsterblichen Seligkeit, heilige und vollkommene Wesen."

Die Seele (Atman) ist ein Teil Gottes und wir sind die Seele, doch ist sie verdunkelt durch den Mantel des Körpers, den wir angelegt haben. Nur die Meditation läutert unsere Körper, durchlichtet diese, bis wir wieder die diamantene Klarheit und Reinheit der

Seele erreicht haben. Erst dann sind wir die oben zitierten Heiligen und vollkommenen Wesen. In Samadhi wird die Dualität von Yin und Yang aufgehoben. Seele und Gott werden eins. Das Ziel ist erreicht, wir sind nicht mehr getrennt von Gott. Wir sind ein Kind Gottes!

# „Sorgt Euch nicht um Euer Leben!"

„Niemand kann zwei Herren zugleich dienen. Er wird den einen vernachlässigen und den anderen bevorzugen. Er wird dem einen treu sein und den andern hintergehen. Ihr könnt nicht beiden zugleich dienen: Gott und dem Geld. Darum sage ich euch: „Macht euch keine Sorgen um Essen und Trinken und um eure Kleidung. Das Leben ist mehr als Essen und Trinken, und der Körper ist mehr als die Kleidung. Seht euch die Vögel an! Sie säen nicht, sie ernten nicht, sie sammeln keine Vorräte – aber Gott in seiner Liebe sorgt für sie. Und ihr seid ihm doch viel mehr wert als alle Vögel! Wer von euch kann durch Sorgen sein Leben auch nur um einen Tag verlängern?

Und warum macht ihr euch Sorgen um das, was ihr anziehen sollt? Lernt von den Lilien, die auf dem Felde wachsen: Sie arbeiten nicht und machen sich keine Kleider. Doch ich sage euch: „Nicht einmal Salomo bei all seinem Reichtum war so prächtig gekleidet wie irgendeine von ihnen. Wenn Gott sogar die Feldblumen so prächtig kleidet, die heute blühen und morgen verbrannt werden, wird er sich dann nicht erst recht um euch kümmern? Habt doch mehr Vertrauen!".

Macht euch also keine Sorgen! Fragt nicht: „Was sollen wir essen! Was sollen wir trinken? Was sollen wir anziehen?" Damit plagen sich die Menschen, die Gott nicht kennen. Doch Er weiß, daß ihr all das braucht. Sorgt euch zuerst darum, daß ihr euch Seinem Willen fügt und tut was er verlangt, dann wird Er euch schon mit all dem anderen versorgen. Quält euch nicht mit Gedanken an morgen; der morgige Tag wird für sich selber sorgen. Ihr habt genug zu tragen an der Last von heute." (*Matthäus 6, 24-34*)

Die Menschen fürchten den Tod, weil sie so lange in ihrem körperlichen Käfig gelebt haben und diese „Sicherheit nicht aufgeben wollen". Aber es ist töricht, sich zu fürchten. Ich stelle mir den Tod sehr verlockend vor. Keine Reparaturen mehr an der Maschinerie des Körpers, kein zusammengeflicktes Leben mehr. Da es Gottes Wunsch ist, daß wir dieses alte Modell des Körpers bis zum Tod behalten, müssen wir es gut pflegen. Ich wünschte nur, der Herr hätte uns die Fähigkeit gegeben, in den Samadhi einzugehen und den Körper ebenso leicht abzuwerfen wie der Heilige Narada. Er sang in tiefer Ekstase von der Herrlichkeit Gottes, und als er zum gewöhnlichen BWS zurückkehrte, bemerkte er, daß er seinen alten Körper abgestreift hatte und einen neuen Körper aus Licht besaß. Das ist die höchste und schmerzloseste Art des Hinübergehens.

Eine indische Geschichte berichtet von einem sterbenden Jüngling, der das schmerzvolle Schluchzen seiner Verwandten hörte und ausrief:

„Beleidigt mich nicht mit eurem Mitleidsgeschrei, wenn ich ins Land des ewigen Lichts, der ewigen Liebe entschwebe. Ich bin es, der euch bemitleiden muß. Für mich gibt es keine Krankheit, keine zerschmetterten Knochen, keinen Kummer, kein tiefes Herzeleid mehr. Ich träume von Freude, ich schwebe in Freude, ich atme ewige Freude!!"

Ihr wißt nie, was euch in dieser Welt bevorsteht; ihr sorgt, solange ihr lebt. Die Verstorbenen haben Mitleid mit uns und segnen uns. Warum sollten wir also um sie trauern? (*Yogananda*).

Solange sich der Mensch jedoch mit seinem stofflichen Körper identifiziert und keine Ruhe in seinem wahren Selbst findet, solange rufen die unbefriedigten Wünsche seines Herzens eine entsprechende Sehnsucht hervor. Und um diese zu befriedigen, muß er viele Male in Fleisch und Blut auf der Bühne des Lebens erscheinen, wo er dem Einfluß der Dunkelheit (MAYA oder Satan) unterworfen ist und nicht nur gegenwärtige sondern auch zukünftig alle Leiden des Lebens und des Todes durchmachen muß.

„Leid entsteht aus Unwissenheit (Avidya). Unwissenheit ist die Wahrnehmung dessen, was nicht existiert, und das Nichterkennen dessen, was existiert. Diese Unwissenheit ist nicht nur ein Leiden an sich, sondern auch die Quelle aller anderen menschlichen Leiden. Die Unwissenheit besteht aus vielen Schichten dunkler Kräfte. Die verdunkelnde Kraft der Maya erzeugt Egoismus und (falsche) Beharrlichkeit; die polarisierende Kraft der Maya erzeugt Zuneigung (Anziehung) und Abneigung (Abstoßung) - YIN und YANG." (SRI YUKTESWAR)

Im Buddhismus (Rad des Lebens) gibt es drei Grundübel, die uns an diese Welt der Erscheinungen kettet: „Haß, Gier und Unwissenheit." Wer sie überwindet, der wird befreit aus dem Kreislauf des Lebens und muß sich nicht mehr inkarnieren. Die erlösenden Kräfte sind daher genau das Gegenteil: „Liebe, Armut und Weisheit."

Alle Wesen dieser Schöpfung sind dem Gesetz der Polarität (YIN und YANG) unterworfen. Dem Wissen um Gut und Böse – was Positiv, was Negativ ist. Doch es gibt auch körperlose Wesen, gute und böse Geister:

„Jede nützliche, gute Idee (Eigenschaft) wird von einem guten Geist (Engel) erschaffen. Diese beeinflussen und säen ständig hilfreiche Gedanken in unsere Seele. Ebenso wie Gott, Seine Engel und Millionen guter Geister versuchen, Ordnung und göttliche

Harmonie auf Erden herzustellen, so schafft Satan, der Fürst der Finsternis, mit seinen bösen Geistern (Dämonen, Teufel) Unordnung und Unheil in der Welt. Unsere Erde ist geistig gesehen einer der dunkelsten (materiellen) Orte in der ganzen Schöpfung.

So erschaffen also Gott und Seine engelhaften Wesen viele gute Gedanken, und der Teufel erzeugt seine eigene Art von Gedanken. Der Geschlechtstrieb wurde von Satan erschaffen, um den Menschen an die Erde gebunden zu halten. Seit Anbeginn hat der Mensch mit dieser Versuchung zu kämpfen gehabt. Außerdem gibt es mancherlei Plagen und Krankheiten, die die Menschen leiden lassen, aber nicht von Gott gewollt sind. Gott regt vielmehr die Forscher dazu an, neue Wege zur Heilung von Krankheiten zu finden.

Ihr seht also, daß zwischen Gott und dem Teufel ein großes Tauziehen im Gange ist. Man kann darüber hinwegsehen und denken, daß Satan nichts als eine Täuschung ist.

Hierzu möchte ich sagen, daß Gott in der Tat recht unwissend sein müßte, wenn Er nicht über alles Böse in der Welt unterrichtet wäre. Warum sprach Jesus: „Hebe dich von mir Satan" und „erlöse uns von dem Übel", wenn es keinen Satan gibt? Warum ist es überhaupt nötig, zu Gott zu beten, wenn das Böse nicht existiert? Das Böse existiert aber. Wer anders als Satan hat die Krankheitsbakterien und Viren erschaffen?

Als Gott den Menschen erschuf, erschuf Er auch den Teufel. Satan wurde erschaffen um Gottes Kinder zu prüfen, Er stellt Seine Kinder auf die Probe. Ich flehe ihn ständig an: „Warum machst Du es uns so schwer?"

Satan war ursprünglich ein Erzengel. Ihm war die Macht verliehen worden, nach Gottes Plan Welten zu erschaffen. Nachdem er sein Schöpfungswerk vollendet hatte, sollte er, wie auch die ganze Schöpfung, sofort zu Gott zurückkehren. Aber diese intelligente Kraft, die in den Hl. Schriften als Satan personifiziert wird, sah voraus, daß die Schöpfung sich auflösen würde, wenn alles wieder zum GEIST zurückkehrte. Darum pflanzte Satan dem Menschen böse (materielle) Wünsche ein, die ihn veranlassen würden, immer wieder zur Erde zurückzukehren und das Rad des Lebens in Gang zu halten. Auf diese Weise versucht der Teufel, dem Menschen die Möglichkeit zu nehmen, zu Gott zurückzukehren. Im höchsten Sinne ist Satan nur ein Werkzeug Gottes. Er hält nie das, was er verspricht, so daß die enttäuschten Menschen schließlich den wahren Gott suchen.

Gott erschuf Mann und Frau kraft Seines göttlichen Willens. Sie waren die zu Körpern verdichteten Ausdrucksformen göttlicher Weisheit und göttlichen Gefühls. Mann und Frau hatten am Anfang dieselbe Macht wie Er und konnten allein durch geistige Kraft Wesen erschaffen. In der Bibel als ADAM und EVA bezeichnet, waren sie also von Ihm ermächtigt worden, sich zu vermehren und unendlich viele Wesen zu schaffen. Wie mein Guru Sri Yukteswar erklärte, führte die Kraft des Bösen (Satan) EVA in Versuchung die Frucht (Geschlechtsgenuß) mitten im Garten (Körper) zu essen. Gott hatte den ersten Menschen gestattet, sich aller Sinneswahrnehmungen am Baum des Lebens (astrale Bewußtsein- und Energiezentren [Chakren] in der Wirbelsäule) zu erfreuen, mit Ausnahme der rein sexuellen Befriedigung des untersten Chakras inmitten des körperlichen Gartens. Die „Schlange“, die EVA in Versuchung führte, ist die zusammengerollte Energie am Ende der Wirbelsäule, die die Geschlechtsnerven anregt. Wenn das Gefühl (EVA) im Menschen vom Geschlechtstrieb überwältigt wird, unterliegt auch die Vernunft (ADAM). Der Geschlechtstrieb ist das trügerische Gegenstück zur Freude Gottes. Wenn die Lust an die Stelle der Liebe tritt, entfernt man sich vom göttlichen Bewußtsein – von der Erkenntnis, daß man selbst GEIST ist: Ewig bestehende, ewig bewußte, ewig neue Freude. Der Geschlechtstrieb, das Verlangen nach Reichtum, Wein und Drogen (Gier) – dies alles sind die von Satan erschaffenen Täuschungen, die den Menschen daran hindern sollen in Samadhi einzugehen. Als die göttliche Energie sich verdichtete und die materielle Welt erschuf, verloren die Wesen in ihr jenes göttliche Bewußtsein, in der sie ihre Einheit mit Gott fühlen konnten, und wurden aus dem „Garten Eden" (Paradies) vertrieben. Seit jener Zeit mußten sich die Menschen, auf geschlechtliche Art vermehren. Auch müssen Mann und Frau akzeptieren, was für ein Kind sie bekommen. Ursprünglich waren sie, wie Gott, fähig, das zu erschaffen, was sie sich wünschten. O selige Zeit der ersten Wesen.

Wir sind also zu Gefangenen des Körpers geworden. Nachts aber werden wir zu Astralwesen (Geistern), und auch, wenn wir sterben, werden wir bis zur nächsten Inkarnation Bewohner der astralen Sphären. Was können wir daraus lernen? Wir sollen erkennen, daß unsere wahre Natur geistiger Art ist, daß wir unsichtbare, machtvolle Wesen sind. Das können wir aber solange nicht, solange wir uns nur auf den Körper konzentrieren und denken: „Ich habe Kopfschmerzen, ich wünsche mir dies und das." Wir müssen uns über alle Anhänglichkeit an materielle Dinge erheben.

Zwei Kräfte liegen ständig miteinander im Streit. Die eine Kraft versucht uns zu erlösen, und die andere Kraft versucht uns an die materielle Schöpfung zu ketten. Doch niemand kann euch Schaden zufügen, wenn ihr wirklich an Gott glaubt. Sein Name ist geheiligt. Ihr seid im Schoß Gottes geborgen und niemand kann euch etwas antun. Wenn ihr allerdings überzeugt davon seid, daß jemand euch schaden kann, so kann er es auch! Wenn euch jemand z.B. einen bösen Gedanken sendet und ihr ihn in euch aufnehmt, wird er euch schaden. Doch ihr braucht keine bösen Gedanken anzunehmen! Hört auf die Stimme Gottes, indem ihr nur gute Gedanken hegt. Jedesmal, wenn sich ein böser Gedanke einschleichen will, weist ihn energisch ab. Dann kann Satan euch nichts anhaben. Sobald ihr etwas Unrechtes denkt, nähert ihr euch Satan. Ihr bewegt euch ständig zwischen Gut und Böse hin und her, deshalb müßt ihr mehr in die Tiefe, ins Herz Gottes gehen, wo Satan euch nicht erreichen kann.

Hört auf die göttliche Stimme. Gott ist der GEIST, der über alle anderen Geister steht. Fürchtet euch nicht vor niederträchtigen Menschen; niemand kann euch Schaden zufügen, es sei denn, daß ihr Angst habt. Wenn ihr euren Geist leer macht, gewährt ihr dem Bösen Einlaß, aber wenn ihr sagt: „Gott ist in mir", kann nur Gutes auf euch zukommen. Die dunkle Kraft hat keine Macht über euch, wenn ihr euer Bewußtsein auf Gott gerichtet haltet. Ihr seid frei, ihr seid Kinder des Ewigen und Allmächtigen!"

(*Paramahansa Yogananda*)

PATER
NON EST
FILIUS
EST
EST
DEUS
NON EST
NON EST
EST
SPIRITUS SANCTUS

# SAT – TAT – OM
## Die allerheiligste Dreifaltigkeit

Von Anbeginn der Zeit versuchte der Mensch seinen Ursprung zu erforschen und zu erklären. In der Bibel (AT), Buch Genesis (= IM ANFANG) steht geschrieben, daß Gott Adam und Eva schuf: „Gott sprach: Machen wir den Menschen in unserem Bild nach unserem Gleichnis! Sie sollen schalten über das Fischvolk des Meeres, den Vogel des Himmels, das Getier, die Erde, all und alles Gerege, das auf Erden sich regt. Gott schuf den Menschen in seinem Bilde, im Bilde Gottes schuf er ihn, männlich, weiblich schuf er sie. Gott segnete sie, Gott sprach zu ihnen: Fruchtet und mehrt euch und füllet die Erde und bemächtigt euch ihrer!" *(aus „Die fünf Bücher der Weisung" übersetzt von M. Buber und F. Rosenzweig)*

Die Menschen begehen immer wieder den Fehler die Frage zu stellen: „Wer hat Gott erschaffen?" Das Unendliche erschuf das Kausalgesetz, welches wiederum alle vergänglichen Dinge ins Leben rief – doch Gott existiert ohne Ursache: „Ich, der Unmanifestierte, durchdringe das ganze Universum. Alle Geschöpfe haben ihr Wesen in Mir." Gott, eine intelligente Wesenheit jenseits der Schöpfung, die von IHM/IHR erschaffen wurde, geschlechtslos, ewig und unveränderlich, das SEIN an sich – ohne Anfang und Ende – gebar von einem Augenblick zum anderen den Kosmos. Der Urknall (ALPHA) begründete innerhalb des Universums den Anfang einer endlichen, veränderlichen und dualen Existenz. Sich ausdehnend, begann die Evolution, die, am Höhepunkt angekommen, eine Involution zur Folge hat, ein sich Zusammenziehen des materiellen Universums. Und während der kosmischen Auflösung (OMEGA) wird alle Kraft untätig und löst sich im Absoluten auf, um dort auf den nächsten Zyklus der schöpferischen Offenbarung Gottes zu warten. Dieses materielle Universum ist jedoch beseelt von Gott selbst, dem Christusbewußtsein (TAT = Bewußtheit), das durch die schöpferische Energie – Hl. Geist (OM = Glückseligkeit) immer neue Schöpfungen und Leben hervorbringt.

„Um einigen Jüngern die Dreieinigkeit zu erklären, brauchte Yogananda folgendes Gleichnis: Man kann sagen, daß Gott (SAT = Sein), der sich in der schwingungslosen Leere jenseits aller Erscheinungen befindet, das Kapital ist, von dem die Schöpfung lebt. Der Gott (TAT = Bewußtheit) – das intelligente Christusbewußtsein, das den ganzen Kosmos durchdringt – ist die Betriebsleitung. Und der Hl. Geist (OM = Glückseligkeit) die unsichtbare göttliche Schwingungskraft, die alle Erscheinungen im Kosmos hervorbringt – ist die Arbeiterschaft."

Indem Gott sich selbst als die schöpferische kosmische intelligente Schwingung manifestiert (OM) und sich dabei des Sturmes der schöpferischen Relativität bediente, formte Gott aus sich selbst heraus alle vergänglichen Wellen des Geistes, der Energie und der Materie. Atome setzen sich aus Elektronen und Protonen (materieller Kosmos), diese aus Biotronen (Astralkosmos) und diese wiederum aus Ideotronen (Kausalkosmos) zusammen.

Die Dualität ist eines der Gesetze, denen das Universum unterworfen ist: Alles ist geteilt, gibt es in 2 Formen, Mann und Frau, Licht und Dunkel, + und -, Yin und Yang. Man bezeichnet Gott stets als den Dreieinigen, als Vater, Sohn und Hl. Geist. Der Vater ist die göttliche Weisheit, der Hl. Geist ist die mütterliche Ausdrucksform Gottes, und der Sohn ist der gesamte Kosmos. Die väterliche und mütterliche Ausdrucksform erzeugen ein Kind, durch welches sie ihrer göttlichen Liebe Ausdruck verleihen. Wir sind die Kinder dieser Liebe. In der menschlichen Familie haben wir ein Miniaturbild der größeren Familie der Hl. Dreieinigkeit. Wie oben so auch unten: Der Vater als Stellvertreter Gottes und die Mutter als Sinnbild des Hl. Geistes, welche beide ihrer Liebe durch das Kind Ausdruck verleihen. Jesus bezeichnete Gott als Vater; andere Heilige dagegen beschreiben Gott als Mutter. Jesus war eins mit dem Christusbewußtsein und war erfüllt vom Hl. Geist (Taube). In diesem Bewußtseinszustand sprach er aus tiefster Überzeugung und Wissen: „Ich bin der Weg, die Wahrheit und das Leben. Niemand kommt zum Vater außer durch mich!“ Ist er doch die Verkörperung der Liebe und nur durch diese allein können wir Verbindung zu Gott aufnehmen. Es gab und gibt auch in anderen Teilen der Welt Avatare und Heilige, die eins mit Gott waren. Auch sie verkündeten die Wahrheit und lehrten den Weg zu Gott, wie Krishna, Buddha, und andere.

Gott kann mit einem hohen Berg verglichen werden, auf dessen Gipfel die Erfüllung, Erlösung und Erleuchtung auf die wartet, die den Berg erklommen haben. Viele Wege führen zum Gipfel, das sind die Religionen der Welt. Doch keine einzige kann sich anmaßen, die alleinseligmachende Wahrheit gepachtet zu haben.

Gott hat so viele Ausdrucksformen und Möglichkeiten sich seinen Liebenden zu offenbaren. „Wer Gott liebt, sollte ihn in allen Religionen anbeten.“ „So wie die Menschen Mich verehren, auf gleiche Weise (entsprechend ihrer Hingabe, ihrer Einsicht, und ihrer Andacht) will Ich Mich ihnen offenbaren. Jeder Mensch, ganz gleich, auf welche Weise er sich Mir naht, ist auf dem Weg zu Mir.“ „Wenn ihr Gott als etwas Transzendentes anseht, so ist Gott weder Vater noch Mutter. Doch sowie ihr in eine menschliche Beziehung zu Gott tretet, wird Er zum Vater oder Sie zur Mutter. Gott ist unendliche Weisheit und unendliches Gefühl. Als Gott sich in der Schöpfung manifestierte, gab Er Seiner Weisheit die Gestalt des

Vaters und Ihrem Gefühl die Form der Mutter. Allein genommen stellt jeder nur eine Hälfte des Göttlichen dar und ist daher in sich unvollkommen. Ich sehe jetzt in jeder Frau eine Mutter. In der mütterlichen Ausdrucksform der Weiblichkeit liegt Reinheit. Ein Mann sollte alle Frauen als Mütter ansehen. Er weiß nicht, was ihm entgeht, wenn er eine Frau nur als Objekt zur Befriedigung seiner Leidenschaft betrachtet, denn dann sieht er in ihr nur das, was in ihm selber liegt. Die Frau wurde mit einem mütterlichen Instinkt begabt, um den Mann vor den Versuchungen des Bösen zu bewahren. Dies ist der hauptsächliche Daseinszweck der Frau; sie wurde nicht als ein Gegenstand der Lust erschaffen. Es gibt nichts Heiligeres als das bedingungslose Mitgefühl, das eine Frau einem Manne gegenüber empfindet. Selbst ein hoher Gerichtsrat ist in den Augen seiner Frau nur ein Kind im Hause. Jede Frau, die die Liebe der göttlichen Mutter offenbaren will, muß diese Liebe für die ganze Welt fühlen. Der größte Segen, den sie bewirken kann, besteht darin, einen Mann durch ihre mütterliche Liebe emporzuheben."

Das erkannte schon Goethe als er Faust sagen ließ: „... und das ewig weibliche zieht uns hinan ..." und Faust durch Gretchens Liebe aus den Fängen von Mephisto (Teufel) befreit.

Die Vereinigung der Gegensätze bewirkt in unserer Welt ein Drittes – die Synthese, eine neue Schöpfung. Ein neugeborenes Kind ist die „Schöpfung" der Vereinigung von Mann und Frau. „Eins + Eins = Drei" und nicht zwei, wie man meinen sollte. In einer Ehe, die von Liebe erfüllt ist kann zu Recht der Grundsatz gelten: „Was Gott verbunden hat, soll der Mensch nicht trennen!" Doch wie falsch ist dieser Ausspruch von den Menschen interpretiert worden! Was die Liebe geeint hat, dürfen außenstehende nicht stören und auch nicht zerstören. Wo aber keine Liebe ist, kann sie von außen auch nicht aufrechterhalten oder vernichtet werden.

Keine Einmischung durch andere Menschen in eine bestehende, funktionierende Ehe darf geschehen, wenn ein Kind geboren wurde. Durch das Kind soll die Liebe Gottes zwischen zwei Menschen offenbar werden und besiegelt werden. Wenn sich aber zwei Menschen in einer Partnerschaft nicht mehr verstehen und sich trennen ist das nur natürlich, und es ist besser als durch falsche Moralvorstellungen aneinander gekettet zu sein. Es gibt genug Ehen, die nicht aus Liebe geschlossen wurden, sondern nur aus Begierde und Lust, oder wirtschaftlicher Notwendigkeit entstanden sind.

Der große Heilige Paramahansa Yogananda sah tief in die Herzen der Menschen und erkannte ihre Beweggründe. Er hatte eine besondere Auffassung über Heirat und Ehe:

„Die Menschen lassen sich so oft vom äußeren Erscheinungsbild blenden. Die Ehe ist in diesem Land (USA) oft nur ein Zusammenschluß zwischen einer hübschen Schattierung von Lippenstift und einer smart aussehenden Krawatte! Sie hören ein bißchen Musik, fallen in eine romantische Stimmung, und schon geloben sie sich bis zum Ende ihres Lebens zu lieben. Ich erinnere mich an ein Paar, das in Phoenix zu mir kam und mich fragte, ob ich sie nicht sofort trauen könnte. Ich sagte ihnen, ich muß die Leute kennen, die ich traue. Ich will über eure Bitte meditieren. Kommt bitte morgen wieder. Über diese ungewollte Verzögerung wurde der Mann sehr wütend. Als sie am nächsten Tag wiederkamen, bedrängte er mich: „Ist alles in Ordnung?"
„Nein", sagte ich. Er war wieder sehr aufgebracht. „Laß uns von hier weggehen, Liebling! Wir können uns auch von jemanden anderen trauen lassen".

Sie waren schon bei der Türe, als ich ihnen nachrief: „Erinnert euch an meine Worte: Ihr werdet niemals miteinander glücklich werden.

Ihr werdet es herausfinden, wenn es zu spät ist. Aber bitte, ich flehe euch an, tötet einander nicht!“ Sie heirateten woanders. Bald danach kamen sie nach Mount Washington um mir zu zeigen, wie glücklich sie waren. Ich sagte nichts, aber innerlich dachte ich: Ihr wißt nicht, wie es in eurem Inneren aussieht!

Sechs Monate später kehrten sie zurück. Diesmal kamen sie kleinlaut zu mir und gaben zu: „Wir erkannten nicht, wie verschieden unsere Charaktere waren. Hätten Sie uns nicht gewarnt, wir hätten uns sicherlich am Ende getötet.“ Unter dem Einfluß des gefühlsmäßigen Überschwangs, hatten sie nicht die explosive Gewalt erkannt, die in ihrer Partnerschaft herrschte.“ (*Yogananda*)

Wie oft werden Trauungen in Kirchen geschlossen, die dann als „unauflöslich“ gelten, weil „Gott“ diese beiden Menschen verbunden hat. Doch Gott ist Liebe – nicht Begierde, und daher wäre es im obigen Beispiel besser gewesen, das Paar hätte sich, statt zu heiraten getrennt. Manche Religionsgemeinschaften und Kirchen erstarren im Laufe der Zeit, weil der Geist Gottes fehlt und Gesetze und Vorschriften das geistige Leben bestimmen, aber diese allein können die Liebe nicht erzwingen oder hervorbringen. Viele Kirchen haben den Sinn der Schriften aus den Augen verloren und verstehen ihn auch nicht mehr. Die Kommunion ist zu einem Ritual geworden, zu einer Gewohnheit. Sie stellt jedoch symbolisch die Liebe Gottes zu den Menschen dar. Der Hl. Geist erfüllt den Menschen und sollte dadurch Einheit mit Gott erlangen. Die Verweigerung der Teilnahme an der Kommunion bei geschiedenen Wiederverheirateten ist herzlos und für Menschen, die mehr als die äußeren Zeichen (Symbole) brauchen, und die an das Liebesgeschenk Gottes glauben. Eine Verweigerung dieser Liebe, ein Liebesentzug, d.h. die schlimmste Strafe, die man seinen „Kindern“ antun kann – lieblos!

Yogananda erkannte dies und lehrte diese Wahrheiten allen, die zu ihm kamen und ihn um Rat fragten: „Die Menschen müssen lernen hinter die äußere Fassade der oberflächlichen Reize zu blicken. Ohne seelische Harmonie kann es keine echte Liebe geben."

Yogananda sah jede menschliche Erfahrung, auch die Heirat, als Chance sich innerlich weiterzuentwickeln. Romantische Vorstellungen von „Liebe auf dem ersten Blick" waren für ihn einfach nur Täuschung. Es war nicht so, daß er die Erfüllung in einer harmonischen Ehe leugnete, sondern daß er spirituelle Menschen (Devotees) wollte, die alle Erfahrungen des menschlichen Lebens als Prüfsteine ansehen sollten, die die Seele zur einzig wahren Bestimmung des Seins – Gott – führen sollten. Somit empfahl er den Menschen, die heiraten wollten, zuerst nach spiritueller Übereinstimmung zwischen den Partnern zu schauen, und nur in zweiter Linie nach intellektueller, gefühlsmäßiger und körperlicher Übereinstimmung zu suchen. Er betrachtete die Ehe nicht nur als eine Erfüllung, sondern viel mehr als eine Möglichkeit wichtige spirituelle Lektionen in Selbstlosigkeit, Treue, Güte, Respekt und Vertrauen zu erfahren. Devotees, die diese Qualitäten als nicht notwendig erachteten, sagte er: „Glaubt nicht, daß Gott zu euch kommen wird, wenn ihr euch unfreundlich verhaltet. Solange ihr nicht wißt, wie man menschliche Liebe gewinnt, solange werdet ihr nicht fähig sein Gottes Liebe zu gewinnen."

(*Paramahansa Yogananda*)

# Maria, die Mutter Jesu warnt uns

## Eine Taube macht noch keinen Frieden, aber wenn Du mit Gott Frieden schliesst, senkt sich die himmlische Taube auf Dein Haupt

Seit mehr als 170 Jahren erleben wir ein Wunder der Liebe. Maria, die Mutter von Jesus erscheint immer wieder Sehern und überbringt den Menschen ihre Botschaften der Liebe. Die erste Erscheinung der Muttergottes war im Jahre 1830 in Paris, die zweite in La Salette, 1858 in Lourdes, 1917 in Fatima, 1947 in Montichiari, 1961 in Garabandal und 1981 in Medjugorje. Alle Erscheinungen überbringen dieselbe Botschaft: „Bekehrt Euch und tut Buße". So wie Johannes der Täufer, der Vorläufer von Jesus in der Wüste, die Menschen zur Bekehrung rief, so ruft uns in unseren heutigen Tagen die Muttergottes auf, unseren Lebenswandel zu ändern und umzukehren.

Den Höhepunkt geistiger Mitteilungen und Mahnungen stellten neben den in letzter Zeit sehr vermehrt sichtbaren „Zeichen am Himmel und auf Erden" wie Lichtkreuze, diverse Lichtphänomene, weinende und blutende Marienstatuen, besonders Marien-Erscheinungen und -botschaften dar, die alle auf sehr große und dramatische weltbewegende Ereignisse hinweisen.

Nachdem die Menschheit auf die Botschaft von Fatima nicht reagiert hatte und die dritte Botschaft als „Drittes Geheimnis" unterdrückt wurde, erscheint die göttliche Mutter als Maria den Gläubigen in Medjugorje bis in heutige Zeit.

## Das grosse Zeichen

In Medjugorje hat Maria mehrmals ein Zeichen versprochen, ein bleibendes, großes Zeichen. Es soll dauerhaft sein, und für alle sichtbar. Es wird von anderen wunderbaren Zeichen und von vielen wunderbaren Heilungen begleitet sein. Es wird für die gegeben, die an die Erscheinungen der Muttergottes nicht glauben.

Das Zeichen wird erst dann kommen, wenn viele Menschen sich bekehrt haben. Anfangs Juli 1981 war ein anderes Zeichen am Himmel sichtbar: Mit großen, feurigen Buchstaben war das Wort „MIR“ (= Friede) am Himmel geschrieben. Als die Seher die Gospa gefragt haben, was dieses Zeichen bedeutet, sagte sie: „Das sind Vorzeichen für die, die nicht glauben. Das große Zeichen kommt später, bald, sehr bald.“ Nach dem großen Wunder wird ein bis zur Endzeit (Gericht) dauerndes großes Zeichen zurückbleiben, das nicht unserer Welt entstammt; es wird wie eine Rauch- oder Wolkensäule sein. Es wird das größte Wunder sein, das Christus für die Menschheit jemals gewirkt hat. Man wird das große Zeichen fotografieren, filmen oder im Fernsehen übertragen können.

## DIE ENDZEIT – Die Reinigung

Die Folgen aller bösen Taten und Gedanken der Menschheit wirken sich aus: Den Ereignissen soll in unbestimmter Zeit ein sogenanntes Gericht folgen, welches unentrinnbar sein wird. Das Gericht wurde nie näher beschrieben; jedoch hatten die Seher darüber Visionen, auf die sie mit schrecklichen Schreien der Angst und des Entsetzens reagierten. Das Gericht ist offensichtlich von seiner Bedeutung und von seiner Dramatik her mit der sog. „Züchtigung“ des 3. Geheimnis von Fatima ident.

Doch nicht nur Marienerscheinungen künden uns von den kommenden Ereignissen, auch die Seher, wie Nostradamus und andere, prophezeien uns Ereignisse voraus, die jedoch zeitlich nicht genau fixiert sind. Eines jedoch scheint sicher zu sein: Es wird ein 3. Weltkrieg kommen, der sehr kurz sein wird und durch einen Asteroideneinschlag („Deep Impact") vorzeitig beendet wird. Die Auswirkungen dieses Einschlages ist vergleichbar mit der biblischen Sintflut-Erzählung, die ca. vor 10 000 Jahren (Weltenjahr) stattfand: Weltbeben, Vulkanausbrüche, Hitzeorkan, Großbrände, Flutwelle, 3-tägige Finsternis (Impaktnacht), Kälteeinbruch, Sturzregen, Umweltvergiftung (roter Blutregen – Salpetersäure-Niederschlag, Strahlenschäden, Luftverpestung). *Aus: „Das Weltenjahr geht zur Neige" v. A.u.E. Tollmann*

Angesichts solcher dramatischen Botschaften darf es uns am Ende des 20. Jahrhunderts nicht wundern, wenn die Dinge immer mehr ihren Lauf nehmen („Wer Augen hat, der sehe, wer Ohren hat, der höre!") Die Menschen sollten nicht ihren berechnenden Verstand (nur rationelles Denken) sondern ihre Weisheit (intuitives Herzdenken) fragen. Eine derartige Veränderung wie die Reinigung der Erde hat es noch nicht gegeben. Es ist das Ende der karmischen Verkettungen, die unentwirrbar geworden ist. Gott löst dieses Knäuel auf und macht alles neu. („Und ich sah einen neuen Himmel und eine neue Erde", „Siehe, ich mache alles neu" Offenbarung des Johannes 21, 1-5.)

Diesen bevorstehenden Ereignissen kann nur ohne Angst sinnvoll begegnet werden! Hiezu ist ein tiefer Gottesglauben notwendig, den man durch Umdenken, Bewußtseinsveränderung (-erweiterung), Loslassenlernen, Entfaltung der universellen Liebe, durch Gebet und Meditation schneller erreichen kann, als man für möglich halten würde. Dazu ist nur guter Wille und ein stiller Ort notwendig.

Lassen Sie sich durch Niemanden und Nichts in dieser wichtigen Zeit von einer seelisch-geistigen Entwicklung abhalten, denn die, die heute darüber lachen, werden möglicherweise schon morgen sehr geschockt und ernst sein! Totzdem haben Sie Zuversicht und Vertrauen, daß alles sich zum Guten für Sie wenden wird, denn ein guter Mensch der die göttlichen Gebote kennt und sie auch beachtet, das Gute liebt und das Böse verabscheut, der ist geliebt von Gott, der unser Schöpfer ist, und er würde nicht ein einziges seiner Kinder in den Wirren dieser Zeiten umkommen lassen.

Auch ist der Zeitpunkt des „Gerichts" nicht bekannt. In Gottes Augen sind 1000 Jahre wie ein Tag und niemand weiß wann diese Zeit kommen wird. Der Hellseher E. J. Hanussen sah voraus, daß New York im Jahre 2 320 untergehen würde. Viele andere Seher sehen dieses Ereignis als Auftakt zum 3. Weltkrieg, manche glauben es würde um die Jahrtausendwende (2000) geschehen, doch keiner weiß es genau, nur Gott allein! Eine Taube macht noch keinen Frieden, doch viele Tauben könnten den Frieden auf diese Welt bringen. So mögen wir alle Friedenstauben werden, und Weihnachten – das Fest des Friedens – in Stille und Gebet verbringen. Mögen alle Wesen glücklich sein!

*OM Shanti OM*

# Das Verhältnis zwischen Gott und Mensch

Gott hat uns auf diese Erde gesandt, um in Seinem göttlichen Drama mitzuspielen. Wir als individualisierte Ebenbilder Gottes, haben ein einzigartiges Ziel im Leben zu verfolgen: Zu lernen, zu wachsen und unser wahres Wesen zum Ausdruck zu bringen, d.h., unseren ursprünglichen Zustand – Einheit mit Gott – wiederzuerlangen.

Wenn unser Abenteuer auf Erden beginnt, machen wir als Kinderseelen unsere ersten Erfahrungen, indem wir alles ausprobieren. Wenn es uns freut, wiederholen wir es, wenn es uns Schmerzen verursacht, werden wir sie vermeiden. Ferner lernen wir durch das Beispiel anderer. Wir beobachten das Verhalten unserer Familie, unserer Freunde und lernen durch ihre Fehler und Erfolge.

Und so führen unsere Erfahrungen uns immer weiter. Wir wollen den Sinn des Erdenlebens besser verstehen, bis schließlich für jeden von uns die Zeit kommt, da wir ernsthaft nach der Wahrheit forschen. Der Mensch, dessen Bewußtsein sich bis zu diesem Grad entwickelt hat, fragt sich: „Wer bin ich, woher komme ich, wozu lebe ich?" Und Gott antwortet, indem ER/SIE ihn zur Wahrheit führt, durch andere Menschen, durch Bücher, Ereignisse im Leben des Menschen. Schließlich genügt ihm aber auch das Wissen, das er von anderen übermittelt bekommt, nicht mehr. Er sehnt sich danach, die Wahrheit von Angesicht zu Angesicht zu schauen. Seine Seele flüstert ihm zu: „Diese Welt kann nicht meine wahre Heimat sein! Ich bin mehr als dieser irdische Körper. Das Leben bedeutet mehr, als nur das wahrzunehmen, was ich mit den Sinnen empfinden kann. Es muß auch nach dem Tod etwas weiter existieren. Ich habe viel darüber gehört, doch das genügt mir nicht mehr, ich muß es selber erfahren, um mich davon überzeugen zu können."

Dieser verzweifelte Ruf bewegt Gottes Herz, und Er (Sie) schickt Seinem (Ihrem) Kind die Hilfe, die es braucht. Dieses von Gott erschaffene Universum wird durch planmäßige, kosmische Gesetze regiert, die nicht von Menschen gemacht wurden, die immer und ewig sind und immer schon existierten, und niemand kann sich diesen Gesetzen entziehen. Es ist von Gott bestimmt, daß jeder, der Ihn (Sie) sucht, zu Ihm (Ihr) geführt wird. Das Verhältnis zwischen Gott und Mensch schließt auch die Disziplin und die Grundsätze richtigen Handelns ein, denen der Jünger folgen muß, wenn er sich auf Gott vorbereitet.

In der Bergpredigt wird in den Seligpreisungen das Bild eines Gotterfüllten Menschen gezeichnet; ein Ideal, das wir alle anstreben sollen und auch erreichen können. Auch wenn es uns wie eine Utopie erscheinen mag, so kann jeder der „guten Willens" ist, durch ein positives Verhältnis zu Gott unserem Schöpfer einen Zustand der Glückseligkeit erlangen. Wahre Glückseligkeit erlangt nur der, der liebevoll und „mitmenschlich" denkt und handelt.

Im AT (EX 20, 2-17) bringt Moses vom Berg Sinai den Juden die Regeln, die das Zusammenleben der Menschen untereinander (5-10) und die Beziehung zu ihrem Gott bestimmen sollen (1-4).

**„Das Zehnwort vom Sinai"** soll hier in der Übersetzung von Martin Buber (Der Baalschem, Chassidische Legenden) kurz aufgezählt werden („Die fünf Bücher der Weisung").

1. „ICH bin dein Gott, der ich dich führte aus dem Land Ägypten, aus dem Haus der Dienstbarkeiten. Nicht sei dir andere Gottheit mir ins Angesicht. Nicht mache dir Schnitzgebild, - und alle Gestalt, die im Himmel oben, die auf Erde unten, die im Wasser unter der Erde ist, neige dich ihnen nicht, diene ihnen nicht, denn ICH bin dein Gott." (*Advaita-Vedanta*)
2. „Bin ein eifernder Gottherr, zuordnend Fehl von Vätern ihnen an Söhnen, am dritten und vierten Glied, denen die mich hassen, aber Huld tuend ins tausendste denen die mich lieben, denen die meine Gebote bewahren." (*Karma-Gesetz*)
3. „Trage nicht SEINEN deines Gottes Namen auf das Wahnhafte, denn nicht straffrei läßt ER ihn, der seinen Namen auf das Wahnhafte trägt."
4. „Gedenke des Tags der Feier ihn zu heiligen, Ein Tagsechst diene und mache all deine Arbeit, aber der siebente Tag ist Feier IHM, deinem Gott;"
5. „Ehre Deinen Vater und Deine Mutter, damit sich längern deine Tage auf dem Ackerboden, den ER dein Gott dir gibt."
6. „Morde nicht." (*Töten*)
7. „Buhle nicht." (*Sexuelle Lüsternheit – mehrere sexuelle Verhältnisse*)
8. „Stiehl nicht." (*Stehlen*)
9. „Aussage nicht gegen deinen Genossen als Lügenzeuge." (*Lügen*)
10. „Begehre nicht das Haus deines Genossen, begehre nicht das Weib deines Genossen, seinen Knecht, seine Magd, seinen Ochsen, seinen Esel, noch allirgend was deines Genossen ist." (*Gier*)

„Gier ist die Quelle aller Unzufriedenheit, allen Unglücks. Bescheidenheit ist eine Tugend, die euch glücklich macht. Sucht nach den seelischen Reichtümern in eurem Inneren. Was ihr seid, ist viel wunderbarer, als irgend etwas in dieser materiellen Welt. Begehrt nie, was andere Menschen besitzen, ihr habt an euch selbst genug, denn der größte aller Schätze – Gott – liegt in eurer eigenen Seele." (*Teile aus „So spricht Yogananda" - O.W. Barth*)

Im NT (Christentum) wurden diese 10 Vorschriften übernommen und sind als die „Zehn Gebote Gottes" jedem Christen wohlbekannt. Eine tiefe christliche Interpretation der Zehn Gebote ist bei Dr. H. Madinger zu finden, der bereits sehr viele Büchlein zu diversen Themen veröffentlicht hat („Die Zehn Gebote Gottes").

***Der oberste Grundsatz im Bund zwischen Gott und Mensch ist die TREUE***

Es ist das Ichbewußtsein und das Geltungsbedürfnis, das uns von Gott trennt. Im Augenblick, da wir das Ich verbannen, erkennen wir auch, daß wir eins mit Gott sind, eins mit Ihm (Ihr) waren und immer sein werden. Das Ich ist der Schleier der Täuschung (Maya), der die Seele umhüllt und ihr reines Bewußtsein mit zahllosen falschen Vorstellungen trübt, so daß sie sich weder über ihr eigenes Wesen noch das der ganzen Welt klar ist. Und eine der Folgen der ichverhafteten Täuschung ist Unbeständigkeit. Wenn der Wahrheitssucher aber seine göttlichen Eigenschaften zu entfalten beginnt, legt er seine menschliche Unzuverlässigkeit ab und wird zu einem treuen und einsichtsvollen Menschen.

Treue zu Gott ist eine der wichtigsten Vorbedingungen, die ein Mensch erfüllen muß. Die meisten Menschen haben weder gegenüber ihren eigenen Verwandten, noch gegenüber Mann, Frau oder Freund die richtige Treue entwickelt. Um ein wahrhaft Gottliebender – ein Jünger – zu werden, muß der Jünger (Tschela), der von Gott gesandten Lehre treu blieben und ihr mit ungeteilter Aufmerksamkeit folgen. Treue bedeutet nicht Engherzigkeit. Das Herz, das Gott treu ist, zeigt sich allen Wesen gegenüber großmütig, verständnisvoll und mitfühlend. Der Jünger sollte Verständnis und Toleranz gegenüber allen anderen Ausdrucksformen der Wahrheit zeigen und keine als falsch oder unwahr ansehen. Er sollte ihnen die nötige Anerkennung und Achtung erweisen. Paramahansa Yogananda sagte einmal: „Sucht so lange, bis ihr die geistige Lehre findet, zu der ihr euch hingezogen fühlt und die euer Herz voll befriedigt; habt ihr sie aber gefunden, laßt eure Treue durch nichts erschüttern. Folgt diesem Weg mit ungeteilter Aufmerksamkeit. Konzentriert euch voll und ganz darauf."

Göttliche Treue bedeutet, daß man seine Aufmerksamkeit, seine Liebe und seien Anstrengung, die in viele Richtungen zerstreut sind, auf ein geistiges Ziel konzentriert. Nur die Treue befähigt den Menschen, Gott mit ganzer Kraft (Konzentration) zu suchen und zu finden. Das Bewußtsein des treuen Jüngers wird durch göttliche Liebe magnetisiert und unwiderstehlich zu Gott hingezogen.

### GEHORSAM FÜHRT ZU UNTERSCHEIDUNGSKRAFT

Gehorsam Gott gegenüber bedeutet, sich ganz Gottes Willen zu überantworten („Herr, Dein Wille geschehe"). Dies ist eine grundlegende Bedingung für das Verhältnis zwischen Gott und Jünger. Warum fordert Gott dies von uns? „Weil wir lernen müssen, einer höheren Weisheit zu gehorchen, wenn wir die Hindernisse des

Ichs und seine selbsterzeugten Täuschungen aus dem Wege räumen wollen. In zahllosen Inkarnationen – seit der Zeit, da wir zu den primitivsten Menschen gehörten – hat sich das Ich zu behaupteten versucht. Es hat uns, motiviert durch Gefühle und Anhänglichkeit an die Sinne, unser Verhalten, unsere Ansichten, unsere Neigungen und Abneigungen diktiert. Es ist das Ich, das unseren Willen versklavt und unser Bewußtsein an den begrenzten menschlichen Körper bindet. Schwankende Stimmungen, Gefühlswellen, ständig wechselnde Neigungen und Abneigungen erschüttern das Bewußtsein des Menschen und reißen es ständig hin und her. Dieser Zustand des Bewußtseins macht den Menschen der Wahrheit gegenüber blind. Wie soll der Tschela (Jünger) seinen Willen auf den Willen Gottes einstellen? Jeder geistige Weg hat seine besonderen Vorschriften und Verbote. Sadhana ist das indische Wort für geistige Zucht und Disziplin. Durch den Gehorsam Gott gegenüber kann der Tschela seinen Willen allmählich von allen ichverhafteten Wünschen, Gewohnheiten und Launen befreien. Er wird fähig zwischen Gut und Böse zu unterscheiden. Will der geistige Sucher Fortschritte auf dem geistigen Weg machen, muß er Unterscheidungskraft (=Viveka) entwickeln; sonst werden seine Instinkte, Launen, Gewohnheiten und Neigungen, die er sich im Laufe der Inkarnationen angeeignet hat, ihn immer wieder in die Irre führen.

In der Bhagawadgita (IV, 36) heißt es, daß das Floß (Boot) der Weisheit auch den größten Sünder über das Meer der Täuschung (Samsara) trägt. Indem der Tschela den geistigen Übungen (Sadhana) folgt, baut er sein eigenes Rettungsfloß der Weisheit.

Paramahansa Yogananda gab den Tschelas, die ihn darum baten, sie zu disziplinieren, den einfachen Rat: „Betet immer darum, Gott in jeder Weise Freude zu machen.“ Diese Worte fassen das ganze Sadhana zusammen.

***Wir sollen den Gesandten Gottes ACHTUNG und DEMUT entgegenbringen.***

Wir sollten allen Heiligen und Rishis, die uns die Lehre der Gottverwirklichung geschenkt haben – und dazu gehören alle Religionsgründer – unsere Hingabe und Verehrung geben. Achtung wird in ihrer höchsten Ausdrucksform zur Verehrung, die ebenfalls einen Aspekt des göttlichen Gesetzes darstellt und den Tschela zur Gottverwirklichung führt.

Wie wenig Achtung die Menschen heutzutage Gott gegenüber zeigen! Viele Menschen haben alle Achtung vor der Weisheit des Alters, der gesellschaftlichen Ordnung und letztlich die Achtung vor sich selbst verloren. Wahre Achtung vor sich selbst und anderen entsteht dann, wenn man seinen göttlichen Ursprung erkennt und lieben kann. Dann weiß man, daß jedes Lebewesen eine Ausdrucksform des GEISTES ist. Dann verneigt man sich in Freude und Ehrfurcht vor dem Einen in allen Lebewesen. Dann findet ein innerer Wandel in einem statt: Man wird demütig. Das Ich gleicht einem Kerker, der das wahre Wesen des Menschen einschließt; und die einzige Kraft, die diese Mauer niederbrechen kann, ist die Demut.

Demut ist Weisheit, denn sie erkennt den Einen, der größer ist als wir. Die meisten Menschen beten das eigene Ich an und sind nicht bereit etwas Höheres als sich selbst anzuerkennen. Der demütige Mensch ist ein zutiefst friedlicher und fröhlicher Mensch. Er bleibt unberührt von der Unbeständigkeit des Lebens und ist in seiner Mitte verankert. Er ist im Gleichgewicht von Yin und Yang. In den heiligen Schriften heißt es: „Erst wenn das Ich stirbt, weiß ich, wer ich bin." Dann offenbart der Mensch in seinem Leben die göttlichen Eigenschaften der Seele und befreit sich für immer von der Unwissenheit der MAYA, jener Täuschung, die die Natur all ihren Geschöpfen in Gottes Schöpfungsdrama auferlegt hat.

***Achtung führt zur Ehrfurcht und ihr folgt die Demut.***

**GLAUBENSKRAFT (Vertrauen)**

Wir leben in einer Welt der Relativität, die jeder Beständigkeit entbehrt. Wir wissen nicht was morgen geschieht, ob wir gesund bleiben oder krank werden. Wir wissen nicht, ob der Frieden, den wir heute noch genießen, morgen nicht durch Kriege erschüttert wird. Dieses Nichtwissen der Wahrheit führt zum Anklammern an die sichtbare, irdische Welt, und können nicht an etwas höheres, Göttliches glauben. Wahrer Glaube entspringt einer Erfahrung der Wahrheit und Wirklichkeit, der direkten, sicheren Erkenntnis göttlicher Kräfte, die die Schöpfung aufrechterhalten. Jesus Christus sprach: „...so kann euer Glaube Berge versetzen", d.h. man kann alles im Leben erreichen, wenn man an sich glaubt und Selbstbewußtsein (Gottes-Bewußtsein) hat. Gottes Liebe ist immer für uns da. Ganz gleich was wir tun, IHRE (SEINE) Liebe für uns bleibt unverändert, ganz gleich ob wir Sünder oder Heiliger sind. Dieser Liebe können wir vertrauen, und während wir sie Tag für Tag erleben, wächst unser Vertrauen in die Liebe und bleiben auch in Zeiten der Not standhaft und zweifeln nicht daran, daß eines Tages sich alles zum Guten wenden wird. So ein Mensch erhält auch eine geistige Führung durch Engel Gottes, die aus der sichtbaren und (oder) unsichtbaren Welt geistige Führung und Hilfe erhalten.

### Die Hilfe der geistigen Führung

Die geistige Führung hilft einem geistig suchenden Jünger (Tschela) durch göttliche Inspiration. Tag und Nacht sind helfende Hände bereit den Menschen Hilfe und Kraft zu schenken, wenn sie darum bitten. Doch wer bittet schon um diese Hilfe! Hunderte, ja tausende Boten Gottes stehen bereit um sofort einzugreifen, wenn ein Kind Gottes um SEINEN (IHREN) Segen bittet. Lernen wir wieder zu bitten, zu beten und dann in Stille (Mauna) zu meditieren. Wenn ein Mensch das Glück hat einem wahren Guru (göttlichen Wesen) zu begegnen, erweckt dieser im Tschela echte Gottbegeisterung und verleiht ihm die Kraft, dem Weg, der zum ewigen Leben in Gott führt, zu folgen.

„Das Leben gleicht einem dahineilendem Strom", sagte Yogananda oft. „Wer Gott sucht, schwimmt gegen den Strom weltlicher Neigungen, der seinen Geist zum materiell begrenzten, sinnenverhafteten Bewußtsein herabzieht. Ihr müßt die nötigen Anstrengungen machen gegen den Strom zu schwimmen, und zwar jeden Augenblick. Sobald ihr in euren Bemühungen nachläßt, werdet ihr von der starken Strömung der Täuschung abgetrieben." Zwei Einwände erlaubte Yogananda seinen Tschelas, die er schulte, nie: „Ich kann nicht" und „Ich will nicht". Er bestand darauf, daß jeder willig sein müsse, die nötigen Anstrengungen zu machen.

In den Veden heißt es, daß der Tschela nur ein Viertel der geistigen Kraft und Bemühungen aufbringen muß, die nötig sind, damit er zu Gott zurückfindet. Ein weiteres Viertel werden ihm durch den Segen eines Guru zuteil. Und die verbleibende Hälfte schenkt ihm die Gnade Gottes. Ein Guru hilft dem Tschela auch, indem er ihm einen großen Teil des Karmas abnimmt. Auch kann er, auf Gottes Geheiß, etwas vom gesamten Karma der Menschheit abtragen. Jesus ließ es zu, daß sein Körper gekreuzigt wurde, um dadurch das individuelle Karma seiner Jünger und vom Massenkarma der Menschheit abzutragen.

## Wie man dem geistigen WEG folgt

Der Tschela muß sich voller Ausdauer in der Sadhana üben und sich immer wieder darin üben. Nicht die Erfolge zählen in erster Linie am spirituellen Weg, sondern die Bemühung, die Anstrengung, die dahinter steckt.

Für alle, die sich auf dem Weg der Selbst(Gott)-Verwirklichung befinden, bedeutet die Nachfolge: Tägliche Meditation, Hingabe an Gott und rechtes Handeln als Ausgleich für die Meditation. Rechtes Handeln im Sinne der Baghavadgita besteht in solchen Handlungen, die uns an Gott erinnern und die wir vollbringen, ohne nach den Früchten des Handelns zu verlangen, d.h. ohne an unseren eigenen Vorteil zu denken, sondern nur, um Gott Freude zu machen.

Wer dem geistigen Weg folgt kann sicher sein: Wer auch immer sein Mentor oder geistiger Führer (Guru) ist, ob Jesus Christus, Sri Krishna, Paramahansa Yogananda, oder ... , zwischen Tschela und Guru gibt es keine Trennung. Ob der Guru in seinem physischen Körper lebt oder diese Erde verlassen hat, ob er sich in astralen oder anderen Sphären aufhält oder jenseits aller Welten im Allgeist eingegangen und die Welle zum Ozean geworden ist (Nirwana), er bleibt dem Jünger, der sich auf ihn eingestellt hat, immer nahe. Diese Einstellung führt uns zur Erlösung. Ein wahrer Guru besitzt durch sein Einssein mit Gott Allmacht; er kann vom Himmel herab dem Schüler helfen, Gott zu finden.

Wenn ein spiritueller Meister einmal einen Jünger angenommen hat und das ewige, heilige Versprechen vor Gott tat, daß er seinen Schützling durch alle Inkarnationen bis zur Erlösung von Tod und Wiedergeburt begleiten wird, dann wird der Guru nie seinen Tschela verlassen oder im Stich lassen.

Leider passiert es häufig, daß es umgekehrt leider vorkommt, daß der Tschela den geistigen Weg verläßt, doch der Guru wacht trotzdem über ihn und wartet auf den Tag, wenn sein Schützling wieder zu ihm zurückkommt. Glücklich darf sich der Mensch schätzen, der von einem wahren Guru geführt wird. Und noch glücklicher ist derjenige, der sich ernsthaft um Vervollkommnung bemüht, indem er dem Guru gehorsam folgt und sich voll und ganz seiner Lehre widmet.

Yogananda sagte öfter zu seinen Schülern: „Viele echte Gottsucher haben während meiner Erdenjahre zu mir gefunden; ich erkenne sie aus früheren Leben wieder. Und viel werden noch kommen. Ich kenne sie alle. Sie werden später kommen, nachdem ich meinen Körper verlassen habe.“ „Vergeßt nie: Wenn ich meinen Körper verlassen habe, werde ich nicht mehr durch diese Stimme zu euch sprechen; aber ich werde jeden eurer Gedanken und jede eurer Gedanken und jede eurer Handlungen kennen. Ich mische mich nie in das Leben derer ein, die es nicht wünschen, doch für alle, die mir das Recht hierzu geben und meine Führung suchen, bin ich ständig gegenwärtig. Mein Bewußtsein ist auf sie eingestellt; ich kenne die geheimsten Vorgänge in ihrem Bewußtsein.“

## EINWEIHUNG
**(WEIHE) ODER GEISTIGE TAUFE (DIKSCHA) DURCH DEN GURU**

Wenn der Jünger durch Gottes Segen Dikscha von seinem Guru oder einem von ihm ernannten Vertreter empfängt, ist er offiziell von ihm angenommen worden. Während der Einweihung findet ein wortloser Austausch ewiger Liebe und Treue zwischen Guru und Jünger statt; zum Dikscha gehört auch eine geistige Übung, in die der Guru den Jünger einweiht. P. Yogananda gab seinen Tschelas die Übungen des Kriya-Yoga (obere Stufen des Raja-Yoga). Trotz allem ist der Segen Gottes und seines Vertreters das Allerwichtigste.

***„Allen Liebe schenken, die Liebe Gottes fühlen,<br>Seine Gegenwart in allen Menschen wahrnehmen ...<br>so sollte man sein Leben leben."***

Nach diesen Worten von Parmahansa Yogananda bleibt uns eigentlich nicht mehr viel zu sagen oder zu ergänzen. Jeder von uns weiß wohl selbst am Besten, wie wichtig es in unserem konsumorientierten Leben und in unserer lieblosen Welt geworden ist, uns und unseren Kindern Wegweiser zu bieten, die ihnen helfen sich zu orientieren und die uns auch zeigen, welches die wahren Werte des Lebens sind. Sicher fällt es uns allen nicht leicht diesen Weg zu gehen, aber allein durch unser ständiges Bemühen können wir uns und damit auch die Welt bessern. In dieser Verbundenheit wünschen wir allen Gottes Kraft und Liebe. Der Frieden und die Liebe möge in euch sein alle Tage eures Lebens.

# Adventzeit – Zeit der Besinnung

Advent – für mich ein Anlaß ein Thema anzusprechen, das sicher viele interessiert, die meisten aber damit in unserer urbanen Gesellschaft nichts anfangen können, da sie den Glauben an etwas Höherem entweder verloren oder ihn nie besessen haben.

Die seelische Orientierungslosigkeit bleibt oft unbemerkt, da man mit den Alltagsproblemen und Belastungen genug zu tun hat und gar keine Zeit hat über solche „unnützen" Dinge nachzudenken. „Gott sei Dank" habe ich Zeit gehabt und habe sie auch jetzt noch, um über Dinge zu reflektieren und zu meditieren.

Unsere Gesellschaft ist gekennzeichnet von einer starken materiellen Weltverbundenheit, die sich darin äußert, daß Dingen wie körperliche Schönheit oder ein luxuriöses Essen wichtiger werden als seelische Schönheit und ein einfaches Mahl. Der Egoismus der Menschen (jeder ist eine Insel) läßt es nicht zu, offen und bereit auf andere Menschen zuzugehen. Das Gefühl der Liebe und Güte ist eine Mangelware in unserer Konsumgesellschaft geworden. Konsumtempel werden errichtet um die Gier der Menschen zu befriedigen. Jeder will möglichst viel besitzen, weil er sich vom Besitz Sicherheit und Zufriedenheit erwartet und erhofft.

„Du Narr, noch heute werde ich Dein Leben von Dir zurückfordern", steht irgendwo im NT (Bibel), als Antwort auf diesen Irrglauben, der die Menschheit beseelt.

Gerade die Weihnachtszeit sollte jeder Leser dieser Zeilen nützen über diese Dinge nachzudenken und vielleicht den einen oder anderen dazu bewegen sein Leben vollständig umzukrempeln.

Eine Umkehr vorzunehmen von dem Weg, der in die IRRE führt und Sein Heil zu suchen bei einer liebenden Macht, die jede Sekunde bei uns ist und die uns trägt und uns erhält. Wir können ohne diese liebende Zuwendung nicht sein, die uns kein Mensch geben kann, nur Gott allein ist unser Weg, unser Ziel und unser Heil.

Um diesen Weg der Liebe zu gehen, müssen wir uns ändern, unsere Einstellungen, unsere Gewohnheiten, unsere Anschauungen von Leben und Sterben. Doch es ist sehr schwer gegen den Strom zu schwimmen, ja noch schwerer einmal zur Überzeugung zu gelangen, daß man in die falsche Richtung läuft. Schon der hl. Franz von Assisi wußte um diese Dinge und hatte bei seiner Bekehrung von einem weltlichen zu einem spirituellen Leben schwer zu kämpfen gehabt.

Ich wünsche Ihnen allen, daß Sie diese Zeit des Advents nützen und nicht nur sinnlos vorübergehen lassen. Dieses Gebet des Hl. Franz möge ein wenig helfen sein eigenes Leben ein wenig zu überdenken, nicht sich selbst als Zentrum des Universums zu sehen, sondern als Diener des Universums, für das wir die Verantwortung tragen.

## Gebet des Hl. Franziskus von Assisi

Herr,
Mache mich zum Werkzeug Deines Friedens:
Daß ich Liebe bringe, wo man sich haßt,
Daß ich Versöhnung bringe, wo man sich kränkt,
Daß ich Einigkeit bringe, wo Zwietracht ist,
Daß ich Glauben bringe, wo Zweifel quält,
Daß ich Wahrheit bringe, wo Irrtum herrscht,
Daß ich die Hoffnung bringe, wo Verzweiflung droht,
Daß ich die Freude bringe, wo Traurigkeit ist
Daß ich das Licht bringe, wo Finsternis waltet.
O Meister,
Hilf mir, daß ich nicht danach verlange:
Getröstet zu werden, sondern zu trösten,
Verstanden zu werden, sondern zu verstehen,
Geliebt zu werden, sondern zu lieben.
Denn:
Wer gibt, der empfängt,
Wer verzeiht, dem wird verziehen
Wer stirbt, der wird zum ewigen Leben geboren.
Amen

# Siehe ich verkünde Euch grosse Freude

## Weihnachten in heutiger Zeit

Die Geburt Jesu mag für viele nur Geschichte sein, aber für mich und für viele andere, die an die allgegenwärtige Liebe glauben – die nicht verunsichert sind vom Zeitgeist, der heute herrscht – ist sie viel mehr als nur ein historisches Ereignis. Vor ungefähr 2000 Jahren ereignete sich ein Wunder im heutigen Israel, dem Land der Juden. In der Nähe von Bethlehem lagerten Hirten auf freiem Feld und hielten Nachtwache bei ihrer Herde. Da trat ein Engel Gottes zu ihnen und der Glanz umstrahlte ihn. Die Hirten fürchteten sich sehr, der Engel aber sagte zu ihnen: „Fürchtet euch nicht, denn ich verkünde euch eine große Freude, die allen zuteil werden soll: Heute ist euch in Bethlehem Jesus, der Retter geboren; er ist der Messias, der Christus. Und das soll euch als Zeichen dienen: Ihr werdet ein Kind finden, das, in Windeln gewickelt, in einer Krippe liegt." Als der Engel die Hirten verlassen hatte, sagten sie zueinander: „Kommt, wir gehen nach Bethlehem, um das Ereignis zu sehen, das uns verkündet wurde." So eilten sie hin und fanden Maria und Josef und das Kind, das in der Krippe lag.

„Eine schöne Geschichte", wird der eine oder der andere sagen. Doch es gibt noch einen weiteren Aspekt, den uns der Hl. Franz von Assisi einst zu Weihnachten erzählt hat:

„Was nützt es, wenn ihr immer noch zur Krippe kommt, die ich euch in der Höhle zu Greccio dargestellt habe?

Was nützt es, wenn ihr die Demut des göttlichen Kindes bewundert, die Freude der heiligen Jungfrau mitempfindet oder das Staunen des heiligen Josef, der nur gebraucht wurde, nicht mehr? Was nützt es, wenn ihr den Eifer der Hirten verfolgt, die alles liegen- und stehenließen, nur um den Heiland zu suchen und zu schauen?

Was nützt es, wenn ihr Weihnachten nur feiert, eure Geschenke aufrechnet und für ein paar Stunden gerührt seid!

Ich habe euch die Krippe nicht zum Anschauen geschenkt, sondern zum Anfassen. Man muß das Kind „auf seinen Händen tragen", muß die Muttergottes und ihren Mann „in die Arme nehmen", man muß sich mitten unter die Hirten gesellen und einer von ihnen werden.

Mit den Gestalten der Hl. Nacht eins werden, das ist es. Man muß selber die Demut des Kindes lernen, dem Staunen und er Freude der „Eltern" im eigenen Herzen Raum geben, man muß sich von den Hirten anstecken lassen.

Man muß etwas merken nach Weihnachten, daß man die Christgeburt gefeiert hat. Und man wird sich auf den Weg machen müssen, um – wie dereinst die Hl. drei Könige und die Hirten – seine eigenen Gaben zu bringen. Nein, nicht nur Gaben, letztlich sich selbst."

# Zärtlichkeit, – geborgen für ein ganzes Leben

Jeder, der diese Überschrift liest wird fast automatisch an eine Partnerschaft denken, in der sich beide (Ehe) Partner Zärtlichkeit und Geborgenheit, eben Liebe schenken. Eine erhabene und wundervolle Vorstellung: Zwei Menschen – Mann und Frau – finden zueinander, verlieben sich und ihre Liebe ist so stark, daß sie ein ganzes Leben füreinander da sind. Doch leider ist die Realität anders und entspricht nicht diesem hohen Ideal. Warum bloß? Warum klappt es so oft nicht im Alltag, warum gibt es Streit (Trennung), Enttäuschungen und Lieblosigkeiten? Letztlich ist die Beziehung eines Menschen zu seiner Umwelt, (Menschen, Tiere, Pflanzen) Ausdruck seiner Beziehung zum Göttlichen. Ein Mensch kann ohne Gott (Liebe) nicht existieren, sie ist wichtiger als Nahrung und Kleidung. So wie das Wasser und die Sonne für die Pflanzen lebensnotwendig ist, so ist Gott lebensnotwendig für jeden Menschen, egal ob Mann oder Frau. Die Sehnsucht nach einem Partner hat eben nicht nur sexuelle Gründe, wie es in der Tierwelt üblich ist, sondern der Mensch hat Sehnsucht nach einer Liebe, die jenseits allen Irdischen ist. Mein Verhältnis zu Gott kann vielfältiger Art sein. Ich kann mich dem Göttlichen als Kind nähern, das seine himmlischen Eltern sucht, oder als Geliebter (e), so wie Rhada sich in den Knaben Gopala verliebte, der Krischna war. Gott ist dann für mich mein Partner, mein(e) Geliebte(r), mit dem ich Eins zu werden trachte. Gott, unser Schöpfer, sehnt sich ebenso nach unserer Liebe, wie wir uns nach ihm (ihr) sehnen.

Da wir aber diese Einheit, die Vollkommenheit noch nicht erreicht haben und getrennt sind von unserem Ursprung, haben wir alle noch einen langen, mühevollen Weg vor uns. Dieser Weg beginnt im Hier und Jetzt und bedeutet, daß wir viele Fehler machen und viele falsche Vorstellungen von Liebe, Partnerschaft und Gott haben. Wenn sich zwei Menschen begegnen, die sich lieben, so haben sie in der Regel falsche Vorstellungen vom Partner, falsche Erwartungen an den anderen, der dann diese Erwartungen nicht erfüllen kann. Man ist dann enttäuscht vom anderen und erkennt nicht, daß man sich selber getäuscht hat. Das Ideal wird in den Partner projiziert, dieser ist aber auch nur ein Mensch mit Fehlern und Schwächen, und kein Heiliger. Viele Ehen zerbrechen eben meist nur, weil der andere unsere Erwartungen nicht erfüllen kann.

Der Schlüssel zum spirituellen Aufstieg, zur Selbst(Gottes)verwirklichung besteht nun darin Selbsterkenntnis zu erlangen, zu erkennen was für Fehler und Schwächen man hat und sie dadurch läutert.

### „Selbsterkenntnis ist der erste Schritt zur Besserung"

Das Unterbewußtsein ist wie ein dunkler Keller, in dem vielerlei Gefahren lauern. Der Schatten (das Unterbewußtsein) ist dunkel und wir kennen ihn nicht. Vergleichbar einem Eisberg, der zu 9/10 unter der Wasseroberfläche liegt, so kennen wir 9/10 unserer Persönlichkeit nicht. Der Weg der Selbsterkenntnis ist der Weg der Meditation und der Stille (YOGA) und führt uns einen fernen Tages, vielleicht erst in einem anderen Leben zum heiß ersehnten Ziel.

Auf Erden sieht man nur die Hüllen aller inkarnierten Persönlichkeiten, physische Körper, die das Seelische verbergen. Man kann daher auch nicht erkennen, wie ein Mensch tatsächlich ist, gut oder böse, und darum sind wir auch oft von anderen

Menschen enttäuscht. Wir wissen nicht, ob er/sie ein Engel oder ein Teufel ist, oder einfach nur eine arme erdgebundene Seele. Hölle, Fegefeuer und Himmel gibt es tatsächlich. Diese Zustände sind in uns und sie existieren nicht erst im Jenseits, wenn wir uns gewandelt haben. Sind wir aggressiv, gewalttätig, fühlen wir Haß und sind im innersten Einsam und verlassen, so sind wir wie ein Dämon, der in der Hölle lebt. Sind wir gleichgültig gegenüber unserer Umwelt, lieblos und egoistisch, nur an uns selbst interessiert, so sind wir eine „arme Seele", die im Fegefeuer weilt. Sind wir hingegen liebevoll, zuerst an andere denkend, einfühlsam, Mitleid empfindend, zärtlich und können Geborgenheit vermitteln, dann sind wir im wahrsten Sinne des Wortes Engel der Liebe, strahlend und umgeben von einer mächtigen Aura, die natursichtige Menschen als Flügel erkennen mögen.

So gesehen ist es eigentlich ein kleines Wunder (oder Gnade), wenn eine Beziehung eine Partnerschaft von Liebe erfüllt ist und ein ganzes Leben dauert. Zwei Menschen, die sich lieben, bilden eine Ehe, ein Versprechen sich „ewig" treu zu bleiben und in guten wie in schlechten Zeiten zueinander zu stehen, für den anderen da zu sein, ..... geborgen für ein ganzes Leben. Es genügt aber nicht nur sich in einer Kirche, vor einem Priester, der Zeuge ist, einmal das Ja-Wort zu geben, sondern beide müssen sich täglich um dieses JA neuerlich bemühen, d. h. täglich muß die „Trauung" wiederholt, die Hochzeit abgehalten werden. Ob kirchlich, standesamtlich oder ohne Trauschein ist nur für andere Menschen von Interesse, für die beiden Partner ist die Art und Weise der „erstmaligen Trauung" nicht so wichtig. Dieses JA sagen kann nur dann gelingen, wenn beide „religiös" sind, beide lieben können, der andere wichtiger ist als man selbst; wenn einer der beiden schwächer ist, weniger liebesfähig ist, so muß der andere umso stärker sein und mehr lieben können, damit wieder Gleichgewicht herrschen kann. Eine Ehe ist wie eine Waage, die im Gleichgewicht ist, wenn sie funktioniert. Eine harmonische Ehe bzw. Partnerschaft kann aber sehr wohl erschüttert werden von dunklen Kräften, wie Mißtrauen, Neid und Haß. Diese Kräfte sind Bestandteil unserer Persönlichkeit und liegen im Unterbewußtsein verborgen. Durch äußere negative Einflüsse (sogenannte astrale Gedankenwolken = Psychogone) verstärken sich die eigenen Schattenseiten, kommen an die Oberfläche und manifestieren sich. Nur Menschen, die ihren Schatten (Unterbewußtsein) kennen – siehe Selbsterkenntnis – und daher auch selbstbewußt sind, können von äußeren dunklen Kräften und Mächten nicht mehr erschüttert werden und sind so ein Segen für den Partner, „Hilfe und Stütze" für andere Menschen.

Leider gibt es in unserer heutigen Zeit sehr viele falsche Lebensberater, die auf der „Esoterik-Welle" mitschwimmen, Seminare und Vorträge anbieten, die viel Geld kosten, aber Liebe, spirituelles Erwachen nicht vermitteln KÖNNEN. Die Esoterik-Bewegung hat daher eine negative Auswirkung auf den Hilfesuchenden. Die Folge ist ein Absinken in Aberglauben, Magie und Abhängigkeit von einer Sekte, die Heil verspricht.

Die „Spirituelle Welle" ist nicht stark genug, um diese Lügen aufzudecken und den Irr-Glauben in die Schranken zu weisen. Gott hat nur ein Licht, nur eine Wahrheit, nur eine Liebe, die Maya (die Welt der Täuschung) und das Böse hat 1000 Wahrheiten und Meinungen. Nur derjenige wird eines Tages Gott erkennen, der selbst Liebe erfahren hat. Liebe kann man durch Bücher, durch Schriften wie diese leider nicht vermitteln, nur durch liebevolle Zuwendung anderen gegenüber, kann man in anderen Wesen den göttlichen Funken erwecken (einweihen), in ihnen Gott zum Leben erwecken. Das ist eine göttliche Aufgabe, eine Sendung, die jeder Mensch hat, der eine früher, der andere später. Man ist dann wie eine Kerze, die brennt vor Liebe und Licht. Dieses Licht wird weitergegeben, ohne daß man es verliert, andere Menschen beginnen dann ebenfalls zu leuchten und die Welt wird zu einem Lichtermeer. Die Wärme des Lichtes ist jedoch entscheidend. Nur ein warmes Licht ist liebevoll und kann helfen. (Es wird einem warm ums Herz!) So wollen wir einander Wärme, Zärtlichkeit und Geborgenheit schenken, damit die Welt besser und unser Leben erfüllter werde. Das wünsche ich allen Lesern dieses Buches von ganzem Herzen. Mögen alle Wesen glücklich sein!

*Om-Shanti-Amen*

# Die Aura des Menschen

## „Jeder Gedanke hat Farbe, Form und Gewicht"

### JEDER GEDANKE HAT EINE FARBE: DIE BEZIEHUNG DER FARBEN ZUR AURA.

Die Farben in der Aura eines Menschen zeigen durch ihr Maß an Mischung mit seiner Grundfarbe seine Mentalität, seinen Charakter, das Temperament, und wie viel oder wie wenig Harmonie er in sich trägt. Die Beschreibung der Aurafarben ist noch weit schwieriger als die der grobstofflichen Farben. Es sind Farben aus Licht. Diese strahlen die Farbe selber aus und sind keine Reflexionen wie die grobstofflichen Farben.

In jeder Aura gibt es drei Gruppen von Farben:

1. Die ständig vorhandene Aurafarbe,
   die die Evolutionsstufe des Menschen anzeigt,
2. eine dominierende Farbe, die die ihm gewohnte Art
   des Denkens und Handelns zeigt
3. und zeitweise auftretende Farben,
   die mit den Emotionen und Stimmungen kommen und gehen.

Emotionen rufen Wellen hervor, die sich so schnell ausbreiten daß es scheinen kann, als hätte die gesamte Aura die Farbe gewechselt. Jeder Gedanke hat eine astrale Farbe, die eine bestimmte emotionale Qualität (positive oder negative Gefühle) ausdrückt. Nicht umsonst sagt man, daß Menschen aufeinander „abfärben", d.h., daß man die guten oder schlechten Eigenschaften eines Menschen annimmt, wenn man sich längere Zeit in dessen Nähe aufhält. Diese Farben sieht man in der physischen Welt nicht, jedoch können mediale Menschen die sog. „Aura" sehen und auch eine Aussage über die Qualität der Aura abgeben. Es gibt positive Farben, die licht und „warm" sind, im Unterschied zu sog. negativen Farben, die licht und „kalt" sind. Zwischen diesen beiden Gegensätzen gibt es natürlich unendlich viele Abstufungen.

Jede Farbe hat aber auch starke und schwache Tönungen (Quantität). Klare, kräftige Töne in der Aura zeigen starke Energien an, wie Eifer, Kraft und Willensstärke. Schwache, kraftlose oder dumpfe Töne zeigen Mangel an Kraft und Stabilität. Je mehr Lichtkraft (Quantität) der Mensch durch spirituelle Lebensführung und Hingabe an hohe Ideale entwickelt, desto schöner werden die Farben seiner Aura sein. Der hochentwickelte Mensch wird nur positive und klare Farben aufweisen, sorgfältigst ausbalanciert und gelenkt. Er wird von einem Strahlenkranz aus Farben umgeben sein, der lindernd und heilend auf alle anderen wirkt. In den Auren weniger hochentwickelter werden die Farben weniger rein und leuchtend erscheinen. In den untersten Entwicklungsstufen der Menschheit sind die Aurafarben wolkig, stumpf und im Anblick unerfreulich. Alle Umstände und Erfahrungen, die auf den Menschen ihre Auswirkung gehabt haben, scheinen in den Aurafarben auf. Die Sympathie für bzw. die Aversion gegen gewisse Farben ist ein Hinweis, wie er den Ereignissen des Lebens entgegengetreten ist.

Menschen, die die Gabe des Heilens haben, geben in weit größerem Maße Strahlung ab, als es andere Menschen tun. Die Farben des Heilers werden während der Behandlung etwas schwächer. Der echte spirituelle Heiler besitzt jedoch eine Kontrolle über seine Energien und nimmt die universelle, göttliche Energie bewußt auf, indem er all seine Hüllen wieder auflädt und seine Aura mit herrlichen Farben überflutet. Jede Farbe stellt eine kosmische Kraft dar, die auf die Aura einwirkt. An eine dieser Farben zu denken

(Visualisierung) bedeutet, die kosmische Kraft dazu zu veranlassen, in einem selbst einzuströmen und Körper und Geist zu erfüllen. Farbe wird als die große kosmische Stimmgabel bezeichnet, die man dazu verwenden kann, um einer Aura eine Ausrichtung zu geben und größere Kräfte anzuziehen, um Mitmenschen zu helfen. Wesenheiten höherer Ebenen zeigen sich als prachtvolle Harmonien von Tönen und Farben; sie wirken, indem sie Farben in Gestaltungen formen, welche sie mit mächtigen Strömen von Kraft erfüllen. Diese Wesen stärken die Menschen, auf die sie eine vielfarbige Flamme lenken, in ihrer Kraft. Sie sind in Roben strahlender Farben gehüllt, eine Farbe über die andere gelegt, jeweils gemäß der Kraft, die für ihre Arbeit nötig ist.

### Jeder Gedanke hat eine Form: Die Gestalt der Aura

Eine Gedankenform (Psychogon) ist eine aurische Abspaltung, welche durch die Kraft der Vorstellung (Visualisation) ihre Dynamik erhält. Die Aura des Menschen ist, obwohl eiförmig abgegrenzt, in ständiger innerer Bewegung. Es ist ein ständiges Auf- und Abwallen, ein Blitzen und Funkeln. Manche Teile der Aura erhalten soviel Energie, daß sie das Feld des Menschen verlassen, aus ihm herausgeschleudert werden. Solche Teile nennt man Psychogone. Psychogone sind normalerweise dem astralen Bereich zugeordnet, können aber aufgrund ihrer Dynamik ätherische Energien oder feinstoffliche Materie höherer Ebenen in sich tragen. Psychogone können den Menschen in nächster Nähe umlagern oder auch größere Entfernungen zurücklegen; in jedem Fall sind sie aber mit dem Menschen durch einen unsichtbaren, dünnen Faden gleicher Materie verbunden. Solange eine Dynamik besteht, existiert eine Wechselwirkung zwischen beiden, die dem Psychogon die Form verleiht. Hört diese Wechselwirkung auf, so wird sich die Substanz des Psychogons in der nächsten Umgebung auflösen. Weiters besteht auch die Möglichkeit, daß ein Psychogon nach Vollendung des „Auftrages“ wieder in den aurischen Bereich zurückgenommen wird. Dies kann sein, aus eigenem, inneren Antrieb oder aufgrund einer Abstoßung (Reflexion – das Psychogon prallt ab und kehrt so zum Menschen wieder zurück). Es gibt drei Arten von Psychogone:

1. Der Gedanke, der das Bild des Denkers annimmt (Traumkörper, Persönlichkeitsabspaltungen, Geister).
2. Der Gedanke, der das Bild irgendeines materiellen Gegenstandes annimmt.
3. Der Gedanke, der seine eigene astrale Form annimmt (Wolke, in eine Richtung, nach allen Richtungen strebend, etc.).

### Jeder Gedanke hat ein Gewicht: Die Bedeutung der Farben

Jeder Gedanke hat eine bestimmte Bedeutung, d.h. jede Grundfarbe besitzt eine nahezu grenzenlose Anzahl von Abstufungen in Tönungen, Helligkeit, Schattierungen und feinsten Nuancen, jeweils entsprechend dem Maße anderer Farben, die beigemischt sind. Die folgenden Farbskalen, die nach den Beobachtungen der verschiedensten Forscher zusammengetragen wurden, mögen einen ersten Eindruck vermitteln. Wer länger die Bedeutung der Farben studiert, wird mit der Zeit jeder Farbe ein Gefühl oder ein bestimmtes Charaktermerkmal zuordnen können. Eine andere Schwierigkeit beim Verständnis der exakten Bedeutung von Farben entspricht der Unbestimmtheit der Bezeichnungen von Eigenschaften und Gefühlen. Denn genauso zahlreich, die die möglichen Farbtöne sind, so zahlreich sind auch die Nuancen von Gefühlsregungen und Charakterzügen. Eifersucht, z.B. kann ganz unterschiedliche Ausmaße besitzen und aus ganz verschiedenen Gründen entstehen und müßte so bei mehr als nur einer Farbe zu finden sein. Trotzdem die Aurafarben unterschiedlich von denen sind, die wir im Sonnenspektrum sehen, gibt es gewisse Übereinstimmungen zwischen beiden. Wenn man eine Farbe des Spektrums betrachtet, entstehen in der Aura Vibrationen, die bei hellsehender Sicht mit einer entsprechenden Aurafarbe gleichgesetzt werden würde. Die beiden Farben sind nicht das Selbe, können aber nicht anders als durch die gleichen Begriffe bezeichnet werden. Je dünkler die Farben werden (braun, grau oder gar schwarz) desto negativer wirkt die Farbe auf die Aura. Die irdische Entsprechung wäre Materialismus, Depression, Haß, eine Verneinung des Lebens.

DIE ROT-GRUPPE:

Sie steht in Zusammenhang mit dem physischen Leben, Sinneserfahrung und Materialismus. Die positiven Aspekte sind eine energetisierende, vitalisierende und wärmende Wirkung. Die negativen Aspekte sind die der Destruktivität, der Disharmonie, des Zerrüttens.

DIE ORANGE-GRUPPE:

Sie vereint physische Energie mit mentaler Aktivität, vereint so Körper und Geist. Orange ist die schöpfende, bewahrende und wiedererneuernde Kraft in der Natur. Die Töne des Gold, Orange und Aprikosenfarbenen sind die Brücke zwischen materiellen und höheren Ebenen. Positive Aspekte sind Achtsamkeit und Überlegung. Die negativen Aspekte sind Trägheit und Unterdrückung.

DIE GELB-GRUPPE:

Sie beherrscht die intellektuelle Seite des menschlichen Lebens, gibt Vernunft, analytischen Geist, Logik und Urteilskraft wieder.

Die positiven Aspekte von Gelb bedeuten mentale Wachsamkeit und intellektuelle Kraft, die negativen Ängstlichkeit und Willensschwäche.

Die Grün-Gruppe:

Sie ist die Farbe der Balance und des Ausgleichens, sie zeigt den Beginn der Individualisation, des indiv. Wachstums und die Entwicklung des Ego an – somit die höheren und niederen Ausprägungen der Selbstsucht. Es hat starke Heilkraft und steht ebenso in Beziehung mit materiellem Wohlstand. Es ist die Farbe des niederen oder „objektiven" Denkens.

Die Blau-Gruppe:

Sie ist die Farbe spiritueller Kraft, der höheren Mentalbereiche, des subjektiven Geistes. Es ist inspirierend, ehrerbietig, religiös, lindern, kühlend und harmonisierend. Die positiven Aspekte sind spirituelle Qualitäten, künstlerische Begabung, Selbstlosigkeit und hohe Ethik, die negativen Töne zeigen Melancholie und Existenznot an. Die besonders schönen, dunkleren Blautöne besitzen mehr Kraft und zeigen, daß der Mensch seine Aufgabe gefunden hat, in die er aufgeht, ganz dem Dienst hingegeben.

Die Violett-Gruppe:

Sie zeigt eine erhabene Spiritualität und große spirituelle Kräfte an. Die Aura eines großen Meisters ist violett, übergehend in blaßlila und weiß. Es ist die Farbe der Eingeweihten und Heiligen zu eigen seiende unpersönliche Liebe, Weisheit und wahre Größe, die kaum der Erde noch angehört. Seine positiven Aspekte zeigen Hingabe und Verehrung an. Für diejenigen jedoch, die diese Farbe mit einer negativen Einstellung empfinden, kann sie depremierend sein.

# Der ewige Kampf zwischen Gut und Böse

Wir leben in einer Zeit, in der die dunkle Seite der Macht im Begriff ist mehr Menschen als je zuvor in ihren Bann zu ziehen. Überall wo Gutes ist, da ist auch Böses, wo Licht ist, ist auch Schatten. Wir leben in der Dualität (Polarität), in der das Göttliche (Liebe) und das Böse (Haß) auf uns einwirken. Alle edlen Ziele der Weltreligionen können und werden auch von den negativen Kräften benutzt, um die Menschen zu verführen und zu (ent)täuschen. Das Böse ist für uns nicht immer klar erkennbar, es verbirgt sich und sagt nicht: „Hier bin ich!" Es schleicht sich ein und wartet auf seine Chance die Menschen in die Irre zu führen. Seine Macht ist groß und nur allzu leicht erliegt man seinem Blendwerk (Maya). Hier ist Unterscheidungskraft (Viveka) notwendig, die sich jedoch vom verstandesmäßigen, intellektuellen Erfassen unterscheidet, da sie nur durch Einfühlungsvermögen, aufrichtige Liebe, Verständnis für das göttliche Prinzip und durch das Gebet (Meditation) erwächst.

Wer ein spirituelles Leben führen will, wird in seinem Leben öfter in Versuchung geführt werden, diesen Weg wieder zu verlassen. Menschen treten aus der Kirche aus und glauben nicht mehr an Gott und die 10 Gebote. Die dunkle Seite der Macht wird von Jahr zu Jahr mächtiger und verführt immer mehr Menschen zur dunklen Seite. Das Zeitalter des Wassermanns bricht an und die Sterne kündigen uns die Geburt des Anti-Christ an.

Jeder Mensch, der in der Materie eingeschlossen ist, sucht seine ursprüngliche Heimat wiederzufinden. Doch dazu muß der

Mensch einen dornenvollen Weg gehen, als Mensch geboren, steht er immer wieder vor der Entscheidung, einen bestimmten Weg zu gehen. Jedes Wesen, das als Mensch geboren wird, hat ein adeliges Recht von seinen göttlichen Eltern mitbekommen: Es hat die Freiheit mit Hilfe seines Willens sich für das Göttliche oder gegen ES zu entscheiden. Das Gewissen hilft ihm dabei, zwischen zwei Alternativen zu wählen. Nach Oben, oder nach Unten, zwischen Gut und Böse, und wie seine Entscheidung ausfällt, so entwickelt sich der Mensch zum unsterblichen Leben oder zum spirituellen Tod – Engel oder Teufel.

Für einen Verstandesmenschen ist es verführerisch in die Geheimnisse der jenseitigen Welt einzudringen, um diese rein intellektuell zu verarbeiten (wie er glaubt). Dies wird von negativen, übelwollenden Wesen gezielt und bewußt ausgenutzt und bevor dieser Mensch noch weiß was geschehen ist, hat der „Teufel" nicht nur seinen Verstand, sondern vor allem seine Seele errungen (FAUST). Sie betören und verlocken die Menschen, die auf der Suche nach Gott sind mit Magie, okkulten (magischen) Kräften und „Einweihung". Gerade diese okkulten Kräfte („MACHT") sind es, vor denen uns schon Patanjali in seinen Yoga-Sutras warnt. Im Vers 37 wird beschrieben, wie durch die Anwendung der Yoga-Übungen die übernatürlichen Kräfte entstehen. Doch bereits im nächsten Vers wird gesagt, daß diese Kräfte Hindernisse für die Erreichung von Samadhi (Unio Mystika) bedeuten. Man muß ihnen aber unterwegs begegnen, und nur wenn der Yogin sie dann zurückweist, erlangt er das Höchste.

Die Erkenntnis daraus ist: Weder die lichte Seite der Macht noch die dunkle Seite der Macht kann uns Erlösung bringen sondern nur Liebe (Gott) allein!

***„Göttliche Mutter, himmlischer Vater***
***Ich begehre nicht Macht oder übernatürliche Kräfte, ich will auch kein Heiler sein oder ein Kämpfer, der das Böse vernichtet; schenke mir nur eines, das ich sosehr ersehne: Deine Liebe, Deine Güte, Deine Barmherzigkeit allein und erlöse mich aus dem Kreislauf der Wiedergeburten.***

***Nimm mich in Deine schützenden Arme und hebe mich empor zu Dir!"*** *Sundara*

Menschen, die keine Harmonie in sich tragen, werden durch die Beschäftigung mit der Esoterik zwar intellektuell wissender, aber nicht weiser, da ihnen die Ergänzung (das Gefühl) fehlt. Damit sollte klar erkennbar geworden sein, daß das eine ohne das andere immer eine Sackgasse bedeutet, einen Irrweg darstellt. Alle Wesen dieser Schöpfung sind dem Gesetz der Polarität (YIN und YANG) unterworfen. Dem Wissen um Gut und Böse – was Positiv, was Negativ ist. Wir müssen beide Aspekte: YIN und YANG – in Harmonie (Gleichgewicht) bringen und wer sich bemüht, dies in seinem Leben zu verwirklichen, ist ein Yogin. Wer es geschafft hat ist ein Mystiker, Erleuchteter, ein Heiliger, der uns Vorbild und Wegweiser ist.

## Die ESOTERIK-Bewegung, die neue Religion des NEW-AGE

Die ESOTERIK-Bewegung, die die neue Religion des NEW-AGE sein wird, hat einen großen Meister: Den obersten „Lichtbringer" der dunklen Seite der Macht. Doch er ist nicht alleine. Er wird begleitet von tausenden Teufeln und Dämonen, die in Gestalt von Menschen Heil und Erlösung versprechen. Aber es gibt auch sehr viele falsche Lebensberater, die auf der „Esoterik-Welle" mitschwimmen, Seminare und Vorträge anbieten, die viel Geld kosten, aber Liebe, spirituelles Erwachen nicht vermitteln KÖNNEN. Die sog. „esoterische" Bewegung, die uns mit allen möglichen und unmöglichen (Heils-) Lehren konfrontiert, ist leider in Wirklichkeit nur mehr ein „Marktplatz" geworden, der Erlösung dann verspricht, wenn man bereit ist einen bestimmten Geldbetrag (Seminare, Sitzungen, etc.) zu zahlen. Würde Jesus heute unter uns leben, er würde sie alle aus dem Tempel hinausjagen (Luk. 19, 45).

Weltanschaulich möchte ich mich von den üblichen ESOTERIK-Anbietern abgrenzen, da ich größten Wert darauf lege NICHT als Esoterik-Jünger bezeichnet zu werden, da ich in den letzten Jahren einen Gesinnungswechsel durchgemacht habe und ich mit der gesamten ESOTERISCHEN SZENE nichts zu tun haben will! Ich leite ein SPIRITUELLES Zentrum für Yoga, das GOTT (und nicht das Ego) in den Mittelpunkt stellt. Vor allem möchte ich mich von den vielen Schriftstellern distanzieren, die behaupten, ihre Einsichten von „höheren Wesenheiten" empfangen zu haben und daher nur Sprachrohr einer anderen Persönlichkeit sind, als sie selber. Leider entstehen in der letzten Zeit immer mehr Bücher, die mittels „Medien" von jenseitigen Autoren (Geistern) geschrieben werden (Channelling). Schon im vorigen Jahrhundert behaupteten Medien, daß durch sie „erleuchtete Meister" sprächen. Diese Menschen waren und sind nur Werkzeuge einer körperlosen Wesenheit, die ihre Botschaften ihrem Medium regelrecht „diktierten". Um nur einige Gruppierungen zu nennen, die auf diese Art entstanden sind: Die Theosophische Gesellschaft, die sehr viele Bücher veröffentlichte, oder in der neueren Zeit die Bewegung der „Lichtarbeiter", die sogar dieselben Meister wie die Theosophische

Gesellschaft nennt. Zu den bevorzugten Themen dieser Gruppen gehört der Spiritismus, der Okkultismus, die Weiße, wie auch die Schwarze Magie, die Reinkarnation, die Hierarchie der Meister, etc. Also Themen, die mit dem wirklichen Heilwerden – Heilsein nichts mehr gemeinsam haben. Vieles könnte ich noch sagen, was ich in Erfahrung gebracht habe, doch glaube ich es genügt zu sagen: „Prüfet die Geister ....".

Viele Menschen glauben aber, wenn sie Stimmen hören oder ein von ihnen erwählter „Meister" zu ihnen spricht, daß sie schon Kontakt zum höheren Selbst erlangt haben. Sie wollen nicht wahrhaben, daß sie auch betrogen werden, daß auch negative Geistwesen aus der Astralsphäre versuchen ihr Vertrauen zu gewinnen, indem sie von „höheren Wirklichkeiten" berichten. Manche Menschen, die mediale Fähigkeiten haben, können auf diese Art und Weise „umsessen" bzw. „besessen" werden. Ist die Aura einmal geöffnet können jenseitige Einflüsse ungehindert auf das Medium (Channel) einwirken. Hat so ein Mensch außerdem noch eine labile Psyche ist ein Zurück in den normalen Alltag kaum mehr möglich. Er ist Kräften ausgeliefert, die er nicht mehr kontrollieren kann. (Die Geister, die er rief, wird er nicht mehr los.) Anbei möchte ich Ihnen noch eine Aufstellung von einigen esoterischen Gruppen und Kreisen geben (inkl. Internet-Homepage), die meiner Meinung nach die Ursache und Ursprung der ESOTERIK bzw. NEW AGE Bewegung sind.

- www.calendersign.ric.at
  Anti-Christ, Kalender, Neues Zeitalter des Wassermanns, von Sepp Rothwangl
- www.theosophie.de
  Theosophische Gesellschaft (H.P. Blavatsky, A. Baily: Channel von sog. Meistern der 7 Strahlen (Meiner Meinung nach keine Meister sondern Teufel und Dämonen!)

- flp.cs.tu-berlin.de:1895/
  Krishnamurti, steht in Beziehung zur theosophischen Gesellschaft
- www.bewusstseinszentrum.de/links.html
  Lichtarbeiter, dieselben Meister (siehe Theosoph. Ges.) sprechen durch Medien („Channeling“), Reiki, Geistheilung, Bachblüten, Handlesen, Wahrsagen, Hexen, Magier, Engel (?) …
- www.sathyasai.de
  Sri Sathya Sai BABA, Wunderguru in Indien, der andere durch seine magischen Kräfte verführt, unter dem Deckmantel des Erziehers und Heiligen.
- Buddhistische Gruppen, Lamas (Ole Nydal, etc), die im Westen missionieren. (Im Unterschied zum Dalai Lama, den ich verehre und achte.)
- www.ufo.at, auch die ETs sind keine Engel!
- www.maya.at
  Kristalle, Aura-Soma (Essenzen der oben erwähnten Meister!), Lichtnahrung, Atlantis ersteht wieder auf, Mayakalender
- www.akasha.de
  Benjamine Creme, seit 1974, ein Channel für den Maitreya (= Der Anti-Christ oder ein anderer Verführer.), share, tetraeder, etc.
- Satanskult, Satanismus (A. Crowley, A. Levey), dazu ist nichts zu sagen, es spricht für sich selbst!

Alle diese esoterischen Gruppen sind den neuen Göttern (= Teufel und Dämonen!) des NEW AGE (= Zeitalter des Wassermanns) verfallen und von ihnen verführt worden.

Die Esoterik-Bewegung hat daher eine negative Auswirkung auf den Hilfesuchenden. Die Folge ist ein Absinken in Aberglauben, Magie und Abhängigkeit von einer Sekte, die Heil verspricht. Viele Dinge der Esoterik sind jedoch nicht nur schlecht, genauso wie ein

Messer nicht an sich böse ist (man kann damit Brot schneiden oder jemanden töten), so ist auch das esoterische Wissen an sich weder gut noch böse, doch wird es von den Mächten der Finsternis als Mittel verwendet, um Menschen zu verführen (MACHT). Ähnlich wie im Film „Krieg der Sterne" es böse und gute Yedi-Ritter gibt, so gibt es eben auch gute und heilige Yogis, die Wunderkräfte (SIDDHIS) haben um Gutes zu tun. Ein Standardwerk, das die „gute Seite der Macht" und ihr esoterisches Wissen enthüllt, ist in dem Buch „Autobiographie eines Yogi" von Paramahansa Yogananda beschrieben.

Unser Ashram (Gemeinschaft) leitet sich von Sri Ramakrishna, der im vorigen Jahrhundert lebte ab. Leider gibt es nicht mehr sehr viele Mitglieder, da fast alle den Versuchungen der oben beschriebenen Gruppierungen erlegen sind. Wir sind nur mehr ein kleiner Kreis, der zusehen muß, wie das Böse in unseren Tagen immer mächtiger wird.

Die „Spirituelle Welle" ist nicht stark genug, um diese Lügen aufzudecken und den Irr-Glauben in die Schranken zu weisen. Gott hat nur ein Licht, nur eine Wahrheit, nur eine Liebe, die Maya (Die Welt der Täuschung) und das Böse hat 1000 Wahrheiten und Meinungen.

Esoterik-Messen und Esoterik-Buchhandlungen gibt es ja sehr viele, vor allem in Wien. Doch was wird in diesem Bereich angeboten? Nur Aberglauben und Irrlehren, Kartenleger, Wahrsager, Medien, und esoterisches Accessoires, von Pendeln angefangen bis zu Halbedelsteinketten wird fast alles an die Frau (den Mann) gebracht und eine spirituelle Ausrichtung ist kaum anzutreffen. Leider gibt es in der heutigen Zeit viele „New-Age"-Bewegungen, die mit der Sehnsucht der Menschen ihre Geschäfte macht. Ein Seminar zur Lebensbewältigung (Atmung, Tantra-Yoga, etc.) kostet viel, viel Geld. Doch sollte man sich eines vor Augen halten: Ein echter Meister gibt freiwillig, ohne Geld seine Liebe an andere weiter. An diejenigen, die aufrichtig und mit reinem Herzen auf der Suche nach Gott sind. Alles andere ist Tand und Spielwerk, wertlos, obwohl es viel kosten mag („wert ist"). Liebe kann man nicht kaufen. Liebe gibt sich selbst, bedingungslos und ohne Gegenleistung!

Nur derjenige wird eines Tages Gott erkennen, der selbst Liebe erfahren hat. Liebe kann man durch Bücher, durch Schriften wie diese leider nicht vermitteln, nur durch liebevolle Zuwendung anderen gegenüber, kann man in anderen Wesen den göttlichen Funken erwecken (einweihen), in ihnen Gott zum Leben erwecken. Das ist eine göttliche Aufgabe, eine Sendung, die jeder Mensch hat, der eine früher, der andere später. Man ist dann wie eine Kerze, die brennt vor Liebe und Licht. Dieses Licht wird weitergegeben, ohne daß man es verliert, andere Menschen beginnen dann ebenfalls zu leuchten und die Welt wird zu einem Lichtermeer. Die Wärme des Lichtes ist jedoch entscheidend. Nur ein warmes Licht ist liebevoll und kann helfen (es wird einem warm ums Herz!). So wollen wir einander Wärme, Zärtlichkeit und Geborgenheit schenken, damit die Welt besser und unser Leben erfüllter werde.

Lassen Sie sich durch Niemanden und Nichts in dieser wichtigen Zeit von einer seelisch-geistigen Entwicklung abhalten, denn die, die heute darüber lachen, werden möglicherweise schon morgen sehr geschockt und ernst sein! Totzdem haben Sie Zuversicht und Vertrauen, daß alles sich zum Guten für Sie wenden wird, denn ein guter Mensch der die göttlichen Gebote kennt und sie auch beachtet, das Gute liebt und das Böse verabscheut, der ist geliebt von Gott, der unser Schöpfer ist, und er würde nicht ein einziges seiner Kinder in den Wirren dieser Zeiten umkommen lassen.

# Die drei Prüfungen

Träume sind oft Hinweise aus spirituellen Ebenen, wenn der Träumer bereit und offen ist für eine Führung. Eines Nachts träumte mir, daß ich eine Aufgabe hätte. Ich bekam einen Scheck, den ich einlösen sollte. Geld steht in Träumen oft für Macht, Energie (oder auch für Talente, die man geschenkt bekommt). Ich war in einer typischen Prüfungssituation, in der mir die Aufgabe gestellt wurde: Was würdest Du alles tun um Geld, Macht oder Einfluß zu gewinnen. Wie weit würde ich gehen, um das alles zu erringen? Doch in meinem Traum schaffte ich die Prüfung nicht. Mir wurden drei Situationen vor Augen geführt, in denen ich dreimal gegen die göttliche Liebe fehlen würde:

„Ich fuhr mit einem Auto eine Straße entlang und wurde von einer Frau aufgehalten; sie bat mich um Hilfe (oder Rat), doch ich wollte ihr nicht helfen. Sie störte mich, ich wurde aggressiv und fühlte diese negative Energie in mir aufsteigen, ich verletzte sie und stieß sie zurück. In der 2. Situation, die ich erlebte, wurde ich zum Dieb. Ich nahm jemanden einfach einen Pullover und ein Radio weg, weil ich diese Dinge benötigte.

In der 3. Situation hatte ich ein Versprechen gebrochen, daß ich gegeben hatte. Ich hatte gelogen, um mir selbst einen Vorteil zu verschaffen. Jedesmal flüchtete ich, um das Geld, das ich benötigte zu holen. Doch plötzlich befand ich mich wiederum in den vorhin geschilderten Situationen. Ich erlebte als Außenstehender alle drei Prüfungen noch einmal. Diesmal erkannte ich, was ich falsch gemacht hatte. Ich erlebte meine Fehler, meine Verfehlungen und wußte, daß ich falsch gehandelt hatte."

Ich verstieß gegen spirituelle Gebote, die da waren:

1. Du sollst nicht töten.
2. Du sollst nicht stehlen.
3. Du sollst nicht lügen.

Reue stieg in mir auf und alles was ich getan hatte, tat mir von Herzen leid. Ich war tief getroffenen und über mich selbst zutiefst verwundert. Das sollte ich sein? Hatte ich wirklich das alles getan; war ich wirklich so? War ich dieser Mensch, der all dies erlebte? Bis zu diesem Zeitpunkt hatte ich von mir selber ein ganz anderes Bild. Ein falsches Bild, wie sich zeigte. Alle guten Charaktereigenschaften, die ich glaubte zu haben, waren nur Einbildung! Ein Traum zeigt vieles, was man nicht für möglich hält. Der Traum hält uns einen Spiegel vors Gesicht und zeigt, wie man wirklich ist.

Selbst-Erkenntnis ist schwer zu erlangen. Der Yoga ist so ein Weg der Selbst-Erkenntnis. Am Anfang des Weges steht die Erkenntnis, daß man gegen Gottes Liebe gefehlt hat. Der nächste Schritt ist die Reue, die man angesichts der Verfehlungen empfindet. Es tut einem leid, daß man falsch reagiert oder falsch gehandelt hat. Darauf folgt als 3. Schritt die Umkehr, die Abwendung von falschen Verhaltensweisen, die Leid verursachen, anderen und sich selbst. Der Jünger (Chela) betritt den Weg des Yoga. Der Raja Yoga beginnt mit der 1. Stufe des Yama und endet mit der letzten Stufe des Samadhi. Der Yoga ist ein spiritueller Weg und führt den Jünger sicher ans andere Ufer. Nicht Macht noch Geld bringt uns Gott näher, nur der Verzicht auf diese Dinge, sei es weltliche oder okkulte Macht, bringt uns unserem Ziel göttliche Liebe zu erfahren näher.

Auch die göttliche Mutter, die in Medjugorje den Seherkindern erscheint, betont diese Notwendigkeit des Fastens, als Verzicht und

Gebet (Meditation) um den Weg der Heiligkeit gehen zu können. Raja Yoga beschreibt sehr genau diesen Weg der Heiligkeit, der jeden ernsthaft Suchenden zum Ziel – dem Samadhi führt. Für viele Christen, die in ihrem Glauben erzogen worden sind, daß eine Beichte sie von ihren Sünden losspricht, mag das auch stimmen, doch ist der höhere Sinn einer Beichte ein Akt des Verzeihens. Gott liebt uns so wie wir sind, ER/SIE verzeiht uns unsere Fehler und segnet uns. Eine Bitte um Vergebung unserer „Sünden" (Karma) ist jedoch nicht so einfach, wie es in den christlichen Kirchen gelehrt wird. Prinzipiell stimmt es voll und ganz, daß durch die Gnade Gottes und durch die Sadhana (spirituelle Übungen) ein Yogi von seinem Karma befreit wird und der Guru hilft dem Jünger ebenfalls, indem er den Schüler auf seinem Weg führt und leitet. Doch ohne die Umkehr, das ernsthafte Versprechen, sein bisheriges Leben zu ändern und die Liebe in das Zentrum seines Lebens zu stellen ist eine „Lossprechung" (Auflösung des Karmas) nicht möglich!

In Anlehnung an den christlichen Ritus der Beichte werden die yogischen Erklärungen gegeben.

### Die 5 Stufen der Läuterung (Die 5 B)

1. Besinnen:
   Satti Patthana (Achtsamkeit = Sich Gewahrwerden)
2. Bereuen:
   Es tut einem leid (Erkenntnis von Gut und Böse)
3. Bekennen:
   Gott verzeiht mir und liebt mich
4. Bessern:
   Umkehr (endgültige Entscheidung sein Leben zu ändern)
5. Büßen:
   Gebet und Meditation führt zur Befreiung

Gottes Segen auf dem spirituellen Weg ist die Kommunion: Samadhi (Erfahrung des Hl. Geistes)

„In der Baghavadgita steht folgendes wunderbares Versprechen des Herrn: „Versenke deinen Geist in Mich allein; dann wirst du ohne jeden Zweifel Unsterblichkeit erlangen und in Mir leben."

Die Yoga-Techniken sind wissenschaftlicher als das Gebet und führen darum schneller zur Gottverbundenheit. In meiner Jugendzeit, als ich mich Ihm nur durch das Gebet nahte, brauchte ich oft lange, bis ich gute Ergebnisse hatte. Doch nachdem ich den Kriya-Yoga erlernt und mit tieferer Hingabe geübt hatte, erreichte ich diese schon nach wenigen Minuten. Krishna lehrte, daß Yoga-Meditation wirksamer sei als der Weg der Askese, der Weg der Hingabe und des Gebets, der Weg richtigen Handelns und der Weg der Unterscheidungskraft. Es ist ein schnellerer Weg. Mit dem Flugzeug gelang ihr in einigen Stunden von Los Angeles nach New York; im Ochsenkarren aber dauert die Reise mehrere Monate. Wenn ihr Yoga übt, besteigt ihr das Flugzeug geistigen Fortschritts.

Yoga ist kein Mythos – kein Werk menschliche Phantasie; Yoga ist eine echte Wissenschaft."

*Aus Paramahansa Yogananda „Das Vermächtnis des Meisters" S 163*

# Das Karmagesetz

Die Lehre vom Karmagesetz besagt, daß jedes Tun eines Menschen eine Kraft in Bewegung setzt, die für den betreffenden Menschen früher oder später auch eine Folge hat. Die durch Taten vergangener und auch des jetzigen Lebens geschaffene latente Kraftpotenzen heißen Samskaras. Diese schlummern so lange in der Tiefe unserer Wesenheit, bis sie in einem Leben zur Auswirkung kommen. Sie haften als Schmutz oder Zierde unserem feinstofflichem Körper an, und sind somit Bestandteil unserer Persönlichkeit. Unter Taten versteht man nicht nur phys. Handlungen, sondern auch Gefühle und Gedanken.

Der zweite wichtige Begriff der Karmalehre ist der der Vasanas. Diese sind die dem Menschen innewohnenden Eigenschaften und Eigenheiten und können – im Gegensatz zu den Samskaras – im Laufe der Zeit verändert werde. Vasanas sind das Ergebnis der Gefühle und Gedanken, die Summe aller inneren Kräfte, die unsere Persönlichkeit und unseren Charakter formen.

Die Karmakräfte (Samskaras und Vasanas) haften einer Wesenheit an und begleitet sie im irdischen Leben, im Jenseits und auch im nächsten Leben, man kann ihnen nicht entkommen. Egal, ob wir gute oder böse Taten begangen haben, wir ernten die Saat, die wir gesät haben. Das Karmagesetz ist unerbittlich. Wir selbst belohnen oder bestrafen uns, und nicht ein zürnender und strafender Gott.

Wie oft höre ich von Freunden immer wieder dieselbe Frage: „Wie kann ein gütiger Gott nur soviel Leid in unserer Welt zulassen, warum muß gerade ich soviel ertragen und leiden?“ Die Antwort ist einfach, aber die Menschen könne es oft nicht fassen:

**„Man ist selbst für sein Schicksal (Karma) verantwortlich!"**

Ob einem Gutes widerfährt oder Böses, alles ist gerecht. Denn ein göttliches Gesetz regiert den Kosmos, das Karmagesetz! Alles in der Schöpfung ist ein Spiel der Kräfte (ind. LILA). Das Gesetz der Polarität beherrscht den Kosmos. Wie die Waage, die die Göttin Justitia in Hände hält, senkt sich die Waagschale durch böse Taten und hebt sich erst wieder durch gute Taten. Ein Gedicht formuliert diesen Gedanken sehr nachdrücklich:

***„Sammle, sammle gute Werke, wie die Biene ohne Rast;***
***quäle nichts und niemand, daß du drüben einen Helfer hast.***
***Vater, Mutter, Sohn und Gattin können dir nicht Helfer sein:***
***Helfend steht dir dort zur Seite deine gute Tat allein."***

Das göttliche Gesetz des Karma ist weise und gerecht, es belohnt die Guten und bestraft die Bösen (Märchen von „Frau Holle"). Wenn man anderen Wesen Leid zufügt, wird man Leid ernten, wenn man Gutes tut, wird man Güte ernten. Allein der Mensch in seinem Hochmut glaubt dieses Gesetz ignorieren zu können, das vor langer Zeit als die „10 Gebote Gottes" den Israeliten vom Propheten Moses verkündet wurde. Auch wenn es scheint, daß die irdische Gerechtigkeit zu versagen scheint, das Gesetz des Karma ist unfehlbar und wirksam; kein lebendes Wesen kann sich dieser Ordnung entziehen. Auch in Indien wurden im Yoga die sittlich, ethischen Gebote in den ersten beiden Stufen (YAMA, NIYAMA) des Raja-Yoga beschrieben um Leid zu vermeiden und Glückseligkeit zu erlangen. In unserer westlichen Kultur, die so stolz auf ihre wissenschaftlichen Erkenntnisse ist, gibt es sogar eine

„Rechtswissenschaft", die darüber rätselt, ob es ein sog. „Naturrecht" (= göttliches Recht) gibt. Das von Menschen geschaffene Recht nennen sie „positives Recht". Dieses wird immer wieder geändert (novelliert) und neu formuliert zum Vorteil und Stütze der Machthaber. Ändern sich die Machtverhältnisse, so ändert sich auch das Recht, d.h. es gibt kein absolutes (göttliches) Recht, sondern nur ein relatives, den Umständen angepaßtes Recht, das oft genug UN-Recht war und ist. Das positive Recht ist somit nur das Recht des Stärkeren: Das Gesetz des Dschungels – fressen und gefressen werden! Gott sei Dank ist der Mensch mehr als ein Tier, und so gilt das Recht der Welt nur bedingt für ihn. Das Karma steht über allen menschlichen Gesetzen und Ordnungen. Es ist ein besonderes Privileg als Mensch auf dieser Welt geboren zu werden, dazu bedarf es schon eines sehr guten Karmas (= guter Taten und positiver Eigenschaften). Jedes Karma, egal ob gut oder schlecht, muß auch abgetragen werden und wirkt sich entweder im Diesseits oder Jenseits einmal aus.

Verfehlungen („Sünden") gegen das karmische Gesetz haben Konsequenzen und müssen „gesühnt" werden. Im Unterschied zur negativen Vorstellung von Schuld und Sühne gibt es positiv formuliert die Belohnung für gute Taten (Pfadfinder – „Jeden Tag eine gute Tat"). Der Glaube der kath. Kirche, daß dem Sünder in der Beichte bei der Lossprechung seine Sünden vergeben wurden, ist nur zum Teil richtig. Vasanas können vergeben werden, der Priester spricht den Sünder los, jedoch ohne den guten Willen und einem festen Vorsatz hat die Beichte nur symbolischen Charakter. Samskaras können nicht vergeben werden, da sie abgetragen werden müssen!" Trotzdem gibt es Ausnahmen von dieser Regel:

- Durch Fürbitten und Gebete kann Gnade gewährt werden – kann ein Mensch von der Last eines Samskara befreit werden – oft ohne daß der Betreffende etwas davon weiß.

- Durch die Fürbitte werden positive Kräfte (Gedanken, siehe Psychogone) dem Schützling gegeben, die die negativen Kräfte kompensiert und später sogar auflöst (durchlichtet).

- Durch Meditation auf OM ( = Licht und Ton, christl. Hl. Geist) und in beschränken Maße durch gute Taten kann das schlechte Karma (= Samskaras) bis zu einem gewissen Grad gelindert werden.

  Wenn man z.B. vorher (in früheren Leben) viele Fehler gemacht hat, aber jetzt einen Meister hat und nach den Gesetzen Gottes lebt, dann kann man möglicherweise das Karma, das ansteht, auch in einem Traum abtragen, oder durch sehr intensive Meditation und Gebet oder karitative Arbeit bewirken, daß es weniger schlimm ausfällt. (Man hätte z.B. einen sehr schweren Unfall haben sollen, aber man träumt jetzt von Unfällen und hat im Traum Schmerzen und hat dann in der Realität nur einen leichten Unfall (Meisterin Ching Hai und Fon-Fon, ein taiwanesischer hellsichtiger Autor).

- Nach buddhistischen Lehren kann man auch als Tier, Geistwesen, etc. wiedergeboren werden, wenn man zu schweres Karma schafft. In den buddhistischen Schriften und anderen chinesischer spiritueller Literatur gibt es viele ziemlich erhellende Geschichten über Karma, von denen leider kaum etwas übersetzt ist.

Oder in besonderen Fällen, wenn ein Meister für seine Schüler schlechte Samskaras übernimmt, brauchen die Folgen der bösen Taten nicht abgetragen werden. So starb Jesus Christus für die „Sünden" seiner Jünger, damit sie schon zu seinen Lebzeiten Heilige werden und seine Nachfolge antreten konnten. Gibt es einen größeren Liebesbeweis als diesen?

Vieles könnte noch über das Karmagesetz gesagt und geschrieben werden, doch gibt es auf diesem Gebiet genug Literatur, die alle Details und Prinzipien des Karma genau erklären. Angefangen von der Wirkungsweise der Samskaras, Latenz, Manifestation, psychisches Vergeltungskarma, karm. Umweltvergeltung, etc., bis zur präkognitiven Schau zukünftiger Ereignisse (Katastrophen, etc.).

---

**EMPFEHLENSWERTE BÜCHER:**

Dr. G Cerminara
„Erregende Zeugnisse von Karma und Wiedergeburt"

Dr. G Cerminara
„Die Welt der Seele" - Berichte über den Seher E. Cayce

J. Grant, D.Kelsey
„Wiedergeburt und Heilung"

**Besinnung • Band 2 •** Gedanken und Betrachtungen zum alltäglichen Leben; Taschenbuch, 4 Seiten Umschlag vierfarbig, 112 Seiten Kern einfarbig, Klebebindung ,Format: 160 x 230 mm

ISBN 3-901 975-12-8 • Preis: ATS 135,00 (€ 9,81)

# Verlagsverzeichnis

## SSE-Nachrichten

Zeitschrift der SOLARIS Spirituelle Edition©
Spirituelle Beiträge, Verlagsprogramm, Bestellungen, Kleinanzeigen, Inserate

**Unwandelbare Umwandlung**, v. E. Redl-Viel
Visionen und Gedichte auf dem Weg zur Selbstverwirklichung. Ein mystisches Buch, das von Gottes verwandelnder Kraft der Liebe berichtet. Ein spiritueller Leitfaden für Liebende.

**Roswitha**, v. M.L. Strauß
Bilderbuch für Kinder ab 6 Jahre, 12 Geschichten eines Mädchens, das die Sprache der Tiere und Pflanzen versteht.

**Rolando**, v. M.L. Strauß
Bilderbuch für Kinder ab 6 Jahre, 12 Geschichten eines Jungen, der die Sprache der Tiere und Pflanzen versteht.
**Neu:** Das Buch Roswitha personalisiert für Ihr Mädchen.

**Neu:** Das Buch Rolando personalisiert für Ihren Jungen.
Ihr Kind als Hauptperson der Erzählungen.
*Name bei der Bestellung bitte unbedingt angeben!*

**Mein Flug um die Welt**, v. J. Gutmann
Ein Kindheitstraum, der sich verwirklicht hat. Ein faszinierender Bericht von einem Alleinflug um die Welt in einem selbstgebauten Flugzeug. Viele farbige Abbildungen der Reise.

**BeSINNung**, v. Yogi Sundara
Sammlung aller Solaris Schriften der letzten Jahre auf der **SOLARIS**-Homepage

**LebensSINN**, v. A. Ballabene
Sammlung aller Internet-Artikel der „Ring-Tor"-Homepage (Yoga, Meditation, Chakra, Kundalini, etc.)

**SINNhaft**, v. A. Ballabene
Sammlung aller Internet-Artikel der „Ring-Tor"-Homepage (Astralwandern, Träume, Okkultes, Geister, etc.)

**EIN YOGI AUS DEM WESTEN**, v. A. Ballabene
Die Autobiographie berichtet uns vom Weg eines Suchers, der seinen Guru, seine geistige Heimat gefunden und ein Yogi geworden ist.

## HOROSKOPANALYSEN

**ALLE ANALYSETEXTE WERDEN INDIVIDUELL FÜR SIE ERSTELLT.**
Bei Bestellung bitte unbedingt Geburtsort, -zeit und -datum (Name und Adresse) angeben!

### HOROSKOPANALYSE PERSÖNLICHKEIT

Individualität und Selbstausdruck, Gefühle und Bedürfnisse, Ausdruck und Kommunikation, Beziehungsfähigkeit und Durchsetzungskraft, Entwicklungspotential, Beruf und Lebensziel, Lebensaufgabe und Transformation. Umfang 30 bis 45 Seiten.

**HOROSKOPANALYSE PARTNERSCHAFT**
Gefühlsebene, Verständigungsebene, gegenseitige Anziehung, Harmonie und Auseinandersetzung, Individualität und schöpferischer Selbstausdruck, Entwicklungspotential und Verantwortung. Umfang 35 bis 40 Seiten.

**HOROSKOPANALYSE ZUKUNFT**
Kommunikation und Kontaktverhalten, Durchsetzung und Neubeginn, Ausdehnung der Entfaltungsmöglichkeiten, Widerstände und Erkennen des Wesentlichen, Umbrüche und Befreiung von Einschränkungen, Auflösung von Grenzen und Illusionen, tiefgreifende Wandlung der Persönlichkeit. Umfang ca. 40 bis 60 Seiten.

**HOROSKOPANALYSE PROGNOSE**
Wesen der Transite, Auswirkungen auf Wahrnehmung, äußeres und inneres Verhalten sowie emotionale Disposition des betroffenen Menschen bzw. der Generation, günstige/ungünstige Handlungszeitpunkte. Umfang 30 bis 60 Seiten.

**HOROSKOPANALYSE LIEBE / SEXUALITÄT**
Liebesverhalten, Art sexueller Vorlieben, Beziehungsfähigkeit, bewußte Vorstellungen und unbewußtes Empfinden von Attraktivität, Stellenwert von Sexualität, Wünsche und Macht, Quelle und Ausprägung der (Lebens)lust. Umfang bis 35 Seiten.

**HOROSKOPANALYSE LEBENSPLAN – KARMA**
Wahlfreiheit und Kreativität, Glaubenssysteme, Verantwortung, Umbruch und Befreiung, Entschleierung und Vision, Macht und Transformation. Mitgebrachtes, altes Verhalten wird mit neuem, zu erlernendem kontrastiert. Umfang 30 bis 40 Seiten.

**Horoskopanalyse Fitness**
Sportlicher Ratgeber mit Gesundheitstraining, Fithalteübungen und Visualisierungsübungen, Farben, Aura- und Chakrenheilung, Aromatherapie, Edelsteintherapie, Aura Soma Therapie, Homöopathie, Bachblütenempfehlungen, Affirmationsübungen. Umfang bis 50 Seiten.

**Horoskopanalyse Beruf**
Berufliche Ziele, Bedürfnisse und Herausforderungen, Talente, Gebiete des Erfolgs, Verantwortung, Entwicklung zur Autorität, Entscheidungs- und Handlungskraft, Partnerschaftlichkeit und Anpassung. Umfang 35 bis 40 Seiten.

**Horoskopanalyse Gesundheit**
Psychologisch-astrologische Entsprechungen von Krankheiten, mögliche Krankheitsbilder, psychologische Ursachen der Beschwerden, Möglichkeiten der Einflußnahme auf bestehende Krankheiten, Hinweise zur Vorbeugung und Vermeidung. Umfang ca. 30 Seiten.

**Horoskopanalyse Kind**
Mutter-Kind-Beziehung und Gefühl, Vater-Kind-Beziehung und Wille, Lebensgrundgefühl, Denkweisen, intellekt. Disposition, Beziehungsfähigkeit, Sexualtrieb, globales und soziales Denken, Glücksfähigkeit, Realitätsbezug, Wandlungsfähigkeit. Umfang 40 bis 50 Seiten.

**Visionen und Gedichte auf dem Weg zur Selbstverwirklichung**. Ein mystisches Buch, das von Gottes verwandelnder Kraft der Liebe berichtet. Taschenbuch, 4 Seiten Umschlag vierfarbig, 88 Seiten Kern einfarbig, Klebebindung, Format: 160 x 230 mm

ISBN 3-901 975-09-8 • Preis: ATS 150,00 (€ 10,90)

# Empfehlenswerte Literatur:

*Torwesten, Hans:*
**Ramakrishna und Christus oder das Paradox der Reinkarnation.**
2. Aufl. 1993. 240 S., 2 Abb., „Filmaur" Ebr

*Torwesten, Hans:*
**Ramakrishna. Ein Leben in Ekstase. Biographie.**
1997. 437 S. „Benziger/CVK" Gb

*Vivekananda (Swami):*
**Vedanta – Der Ozean der Weisheit.**
Eine Einführung in die spirituellen Lehren und die Grundlagen der Praxis des geistigen Yoga in der indischen Vedanta-Tratition. Übers. v. Friedrichs, Kurt. 1989. 288 S. „Scherz" Ln

*Vivekananda, (Swami):*
**Karma-Yoga und Bhakti-Yoga.**
Zwei wahre Perlen indischer Weisheit. Aus d. Engl. v. Krämer, Ilse Dispeker, Frank. 9. Aufl. 1995, 272 S., 19 x 12,5 cm. 240g, (Esotera-Tb.) „Bauer, Hermann" Kt

*Vivekananda, Swami:*
**Meditation und ihre Methoden.**
Hrsg. v. Chetanananda, Swami. Aus d. Engl. v. Harding, Elizabeth. 3. Aufl. 1995, 64 S. - 19 x 13 cm, „Hinder + Deelmann Kt

*Vivekananda, Swami:*
**Raja-Yoga /Jnana-Yoga.**
Yoga-Set. 2 Bde. Zus. 824 S. - 19 x 12,5 cm. 640g. (Esotera-Tb.) „Bauer, Hermann" Kt

*Yukteswar, Jnanavatar S:*
**Die Heilige Wissenschaft**
Überarb. Neuausg. 128 S.

*Kriyananda, Swami:*
**Kooperative Kommunen: Wie man sie gründet und warum.**
2.Aufl. 1980. ca. 108 S.

**So spricht Yogananda Worte des grossen Yogi über den Weg und das Wesen der Selbstverwirklichung**.
Aufgez. u. zus.-gest. v. Kriyananda. Übers. v. Kierdorf, Theo. 1992. 224 S.

*Walters, J Donald:*
**Affirmationen zur Selbstentfaltung**
1991. 121 S.

*Walters, J Donald:*
**Geheimnisse des Lebens**
Aus d. Amerik. v. Cattani, Franchita. 1996. 128 S.

*Walters, J Donald:*
**Die Kunst, Menschen zu führen**
Ein Handbuch für Menschen in Führungspositionen. Aus d. Amerik. v. Gretzmacher, Bernd. 1993. 87 S.

*Walters, J Donald:*
**Städte aus Licht**
Beispiele aus der Praxis Kryanandas Ananda-Village in Kalifornien. Aus d. Amerik. v. Benkler, Martin. 1992. ca. 200 S.

*Walters, Donald:*
**Die Liebe fürs Leben Partnerschaft als Weg zur Selbstverwirklichung.**
Aus d. Amerik. v. Pützstück, Ulrich. 1996. 154 S.

**Eins-Sein**
*Von Babji /Buddha /Dalai Lama XIV. /Yogananda, Paramahansa /Hilarion /Marharshi, Rama.*
Hrsg. v. Halbig, Konrad. 1992. 24 Ktn.

**So spricht Yogananda Worte des grossen Yogi über den Weg und das Wesen der Selbstverwirklichung.**
Aufgez. u. zus.-gest. v. Kriyananda. Übers. v. Kierdorf, Theo. 1992. 224 S.

**Spiegelbilder der Seele 1999**
Terminkalender. Von Yogananda, Paramahansa. 116 S., 54 farb. Abb., 24 x 17 cm. 366g. (Kalender) „Self-Realization Fellowship" Ringb

*Yogananda, Paramahansa:*
**Autobiographie eines Yogi**
Vorw. v. Evans-Wenz, WY. Überarb. Neuausg. 1995. 528 S.

*Yogananda, Paramahansa:*
**Autobiographie Übersetzung der Originalausgabe von *„Autobiography of a Yogi"***
aus dem Jahr 1946. 01/1996. 544 S.

*Yogananda, Paramahansa:*
**Die ewige Suche des Menschen Schöpfung, Geist und Meditation**.
Übers. v. Lorenz, Erika. 1995. 320 S.

*Yogananda, Paramahansa:*
**Flüstern aus der Ewigkeit**
10/1996. 240 S., 40 Abb.

*Yogananda, Paramahansa:*
**Das Gesetz des Erfolges**
10/1996. 56 S.

*Yogananda, Paramahansa:*
**Kosmische Lieder**
1984. 86 S.

*Yogananda, Paramahansa:*
**Lieder der Seele**
09/1997. 220 S.

*Yogananda, Paramahansa:*
**Meditationen zur Selbstverwirklichung**
6. Aufl. 1994. 120 S.

*Yogananda, Paramahansa:*
**Paramahansa Yogananda interpretiert die Rubaijat des Omar Chajjam**
Aus d. Amerik. v. Kobbe, Peter. 01/1996. 128 S.

*Yogananda, Paramahansa:*
**Die Reise der Seele nach innen Über die Ganzheit des Seins, die Freiheit des Menschen und die Ordnung des Universums.**
1997. 320 S.

*Yogananda, Paramahansa:*
**Religion als Wissenschaft**
Neuausg. 1996. 120 S.

*Yogananda, Paramahansa:*
**Religion als Wissenschaft**
Vorw. v. Ainslie, Douglas. 06/1997. 240 S.

*Yogananda, Paramahansa:*
**Das Vermächtnis des Meisters**
1996. 384 S.

*Yogananda, Paramahansa:*
**Der Wein des Mystikers Die Rubayat des Omar Chajjam.**
10/1996. 248 S., 50 farb. Zeichn.

*Yogananda, Paramahansa:*
**Wissenschaftliche Heilmeditationen**
Theorie und praktische Anwendung der Konzentration. 6.Aufl. 1981. 95 S.

**Yogananda, Paramahansa:**
**Wo Licht ist – Den Herausforderungen des Lebens begegnen.**
Einsichten und Inspirationen. 1996. 224 S.

*Yogananda, Paramahansa:*
**Worte des Meisters**
996. 128 S.

*Yogananda, Paramahansa:*
**Worte des Meisters**
Tb.

*Yogananda, Paramamansa:*
**Zwiesprache mit Gott**
10/1996. 56 S.

*Hariharananda, Paramahansa:*
**Kriya Yoga**
5.Auflage 2000.

*Prajnanananda, Paramahansa:*
**Yoga – Der Göttliche Weg**
1999.

*Prajnanananda, Paramahansa:*
**Mahavatar Babaji, Das Ewige Licht Gottes**
1999.

*Bretz, Sukadev V:*
**Kriya-Yoga**
Energieerweckungsübungen aus dem Kundalini, 1995. 1 Toncass., Laufzeit 90 Min.

*Saraswati, Sunyata /Avinasha, Bodhi:*
**Juwel im Lotos Tantrischer Kriya-Yoga**
73 Zeichn. v. Keller, Ty. 2. Aufl. 1995. 235 S., 73 Zeichn.